U0371804

短视频直播带货实战指南

陆晓砚等 ◎ 著

机械工业出版社
CHINA MACHINE PRESS

短视频直播时代，如何才能运营好自己的账号，如何才能高效带货？这是每一个企业和个体商家都亟待解决的问题。本书以短视频直播时代各大主流平台为主线，分别讲述了如何选择合适的平台，如何从零开始打造现象级网红品牌，如何运营抖音、快手、视频号、垂直直播平台等。

本书通过丰富的案例、详实的方法与落地的指导，教会读者运营好短视频直播平台，从而高效带货，在短视频直播时代抢占先机，获得快速发展！

图书在版编目（CIP）数据

短视频直播带货实战指南 / 陆晓砚等著. -- 北京：机械工业出版社，2021.1
ISBN 978-7-111-67333-0

Ⅰ. ①短… Ⅱ. ①陆… Ⅲ. ①网络营销—指南 Ⅳ. ①F713.365.2-62

中国版本图书馆CIP数据核字(2021)第006302号

机械工业出版社（北京市百万庄大街22号　邮政编码100037）
策划编辑：解文涛　　责任编辑：解文涛　刘怡丹
责任校对：李　伟　　责任印制：孙　炜
北京联兴盛业印刷股份有限公司印刷

2021年1月第1版第1次印刷
170mm×230mm・15印张・1插页・188千字
标准书号：ISBN 978-7-111-67333-0
定价：69.80元

电话服务　　　　　　　　　网络服务
客服电话：010-88361066　　机　工　官　网：www.cmpbook.com
　　　　　010-88379833　　机　工　官　博：weibo.com/cmp1952
　　　　　010-68326294　　金　书　网：www.golden-book.com
封底无防伪标均为盗版　　机工教育服务网：www.cmpedu.com

前言

2019年10月,在瑞士苏黎世举办的第十届全球移动宽带论坛上,华为无线网络产品线总裁邓泰华隆重发布了华为最新5G全系列解决方案。由此,中国5G时代的大门正式打开。

短短6个月过后,中国国内市场中5G技术就以前所未有的速度覆盖各大城市,技术的革新随之带来了商业的革命,已然覆盖大众生活的自媒体也悄然开始了升级、质变。

可以说自媒体书写了一种全新的生活方式,更多的知识、文化随之诞生,也重塑了大众成长和创新的路径。

那么,在5G技术即将革新自媒体时代之际,我们的生活又将发生哪些改变呢?庸者认为这不过是一部智能手机的变更,而智者却从中打开了财富的大门。

马云曾说过这样一段经典的话:很多人一生输就输在对未来趋势的看法上:

第一看不见;

第二看不起;

第三看不懂;

第四来不及。

马云的言语并不仅仅是在诠释阿里巴巴的发展,同时也是在印证自媒体近年来为中国市场带来的变革。在自媒体时代到来之后,不同的声音从四面八方传来，我们不再接受"统一的告知"。

早在 20 世纪，加拿大著名传播学家马歇尔·麦克卢汉就曾提出过"媒介即讯息"理论，其释义为：媒介本身才是真正有意义的讯息。人类在接触媒介之后，才有可能做出与之相适应的社会活动。媒介最重要的作用不是传播，而是改变大众的认知和思考习惯。

纵观当代社会中各个角落的"低头族"，笔者不禁感叹自媒体时代的特色竟如此鲜明、有力，它对社会的意义远超大众想象。秉持这种态度与感悟，结合陆鸣社多年发展过程中的掌舵经验，笔者落笔撰写了本书，旨在帮助更多朋友准确找到趋势风口，在"跟随与变革"的抉择中找到适合自己的生存之道。

本书分为 6 章，总结出了时代发展过程中短视频、直播领域的发展趋势、运营方法。全书内容新颖，干货丰富，以实操性为基础，帮助读者朋友一起在短视频直播时代追求丰厚的收益与广袤的发展空间。

为了便于理解，本书的结构和文字力求在意思表达准确的基础上尽量通俗易懂，但由于水平有限，难免有错漏之处，恳请广大读者朋友们批评指正。致以诚挚的谢意！

陆晓砚

2020 年 10 月 1 日

目录

前言   III

第1章 短视频直播时代，如何选择掘金赛道   001

1.1 5G时代新营销趋势   003
- 1.1.1 企业增长的核心三要素   003
- 1.1.2 流量趋势   008
- 1.1.3 短视频直播赛道的流量红利   012

1.2 如何在短视频直播赛道带货起盘   017
- 1.2.1 如何选品   017
- 1.2.2 流量平台的发展规律   019
- 1.2.3 如何高效运营   022
- 1.2.4 短视频直播赛道的进入策略   024

1.3 短视频直播赛道分析与选择   027
- 1.3.1 公域流量的短视频直播赛道   028
- 1.3.2 私域流量的短视频直播赛道   029

1.4 短视频直播的下半场——创品牌   030

第2章 如何从零开始打造现象级网红品牌   035

2.1 打造网红品牌的底层思维：沸水思维   037
- 2.1.1 网红品牌的4个特征   037
- 2.1.2 沸水思维的3个要素：网红产品的爆发力是如何诞生的   040
- 2.1.3 品牌信任的3个阶梯   043

2.2 短视频时代的品牌营销机遇   044
- 2.2.1 短视频会火的3个底层思维   044

- 2.2.2 抖音、快手哪家强　047
- 2.2.3 短视频与直播的区别与选择　052
- 2.2.4 企业与品牌如何对号入局　055

2.3 网红品牌的 4 个关键：供应链、内容、分发、成交　058
- 2.3.1 供应链赋能　058
- 2.3.2 内容的创作与输出　059
- 2.3.3 分发　061
- 2.3.4 内容创作与成交　065

2.4 如何"把水煮沸"：从零开始打造网红品牌　066
- 2.4.1 选品分析　066
- 2.4.2 人设分析　067
- 2.4.3 供应链的内容化　067

2.5 从 0 到 1 打造你的网红带货方案　068
- 2.5.1 最简可行化分析（MVP）　068
- 2.5.2 路径　069
- 2.5.3 平台　071
- 2.5.4 产品　072
- 2.5.5 团队　073

第 3 章　抖音运营、带货实操　075

3.1 带货前的账号准备：抖音运营前期准备　077
- 3.1.1 认知准备：全面认识抖音　077
- 3.1.2 账号准备：如何布局账号　081
- 3.1.3 运营准备：如何让运营更高效　083

3.2 带货前的内容准备：好的内容才是王道　087
- 3.2.1 行业定位　087
- 3.2.2 内容定位　091
- 3.2.3 选题　093
- 3.2.4 爆款内容的 5 个要素　095
- 3.2.5 爆款内容的 2 个打造方法　096
- 3.2.6 内容红线　099

3.3 带货前的运营准备：有效的策略才能持续涨粉　100
- 3.3.1 如何提升影响抖音流量的 4 个指标　100
- 3.3.2 如何做好账号不同阶段的运营侧重点　104
- 3.3.3 如何投放 DOU+ 效益更高　107

3.4 短视频带货变现：选择合适的方式才能变现　111
- 3.4.1 线下商演　111

- 3.4.2 广告变现 ... 112
- 3.4.3 电商带货 ... 114
- 3.4.4 招商代理 ... 114
- 3.4.5 知识付费 ... 115
- 3.4.6 实体引流 ... 116
- 3.4.7 直播打赏 ... 116

3.5 直播带货变现：维持粉丝信任度的有效武器 ... 117
- 3.5.1 直播的 3 个好处 ... 117
- 3.5.2 直播前期准备 ... 118
- 3.5.3 直播变现方式 ... 120
- 3.5.4 直播流量获取 ... 122
- 3.5.5 直播运营策略 ... 123

3.6 抖音直播带货模式选择与网红选择策略 ... 126
- 3.6.1 什么样的直播模式最能卖货 ... 127
- 3.6.2 如何选择带货网红 ... 130

第 4 章 快手运营、带货实操 ... 133

4.1 快手如何专业化运营 ... 135
- 4.1.1 重新认识快手 ... 135
- 4.1.2 快手电商 ... 137
- 4.1.3 售卖商品 ... 142
- 4.1.4 营销活动 ... 145

4.2 快手小店开通与运营 ... 147
- 4.2.1 如何开通快手小店 ... 147
- 4.2.2 快手小店如何选品 ... 152
- 4.2.3 快手小店如何推广 ... 154

4.3 快手小店带货方法论 ... 157
- 4.3.1 带货运营思维 ... 157
- 4.3.2 带货作品类型选择 ... 160
- 4.3.3 快手账号如何冷启动 ... 163
- 4.3.4 短视频运营攻略 ... 166
- 4.3.5 快手直播带货攻略 ... 167
- 4.3.6 粉丝运营技巧 ... 168
- 4.3.7 快手店铺运营技巧 ... 169

4.4 快手带货的社群电商运营与原始流量积累 ... 171
- 4.4.1 快手电商运营三部曲 ... 171
- 4.4.2 如何大规模积累原始流量 ... 173

4.5 快手直播高效转化心法　　176
4.5.1 直播前预热策略　　176
4.5.2 直播时如何巧妙展示、高效互动　　177
4.5.3 直播后如何持续运营、提升复购　　178
4.6 快手带货如何精准引流、快速起量　　180
4.6.1 快手带货如何精准引流　　180
4.6.2 快手带货如何快速起量　　182

第 5 章　垂直直播平台运营、带货实操技巧　　191
5.1 直播中可能会掉进去的八大坑　　193
5.1.1 直播平台选择是一个坑，如何选择平台　　193
5.1.2 直播带货是一大坑，如何避开零成交　　194
5.1.3 人人都做主播是一大坑，如何避免人气低　　194
5.1.4 专家必定能带货是一大坑　　195
5.1.5 有好产品做直播就一定会火是一大坑　　195
5.1.6 直播培训是一大坑　　195
5.1.7 成交平台选择是一大坑　　196
5.1.8 究竟是"做直播间"还是"卖直播间"　　197
5.2 直播前的准备工作　　198
5.2.1 直播间策划技巧　　198
5.2.2 直播间选品策略　　200
5.2.3 直播间设备准备　　202
5.2.4 直播脚本准备　　203
5.2.5 直播间预热策略　　204
5.3 直播运营实操　　205
5.3.1 主播技能修炼　　205
5.3.2 直播团队如何配合　　207
5.3.3 直播后的复盘与宣传　　207
5.3.4 新人主播如何快速成长　　208
5.3.5 从直播小白到带货达人晋升的 4 个阶段　　210
5.3.6 首次直播成功的 10 个要诀　　214
5.3.7 品牌直播模型的未来趋势　　215

第 6 章　视频号运营与带货技巧　　219
6.1 视频号运营原则与策略　　221
6.2 视频号如何带货　　224
6.3 视频号引流带货的特性与技巧　　229

第1章

短视频直播时代，如何选择掘金赛道

2020年，全国商业市场在新冠肺炎疫情的冲击下发生了巨大转变，无数企业、商家、品牌相继出局，但同时也有一些企业在此次疫情期间找到了全新的发展契机。疫情过程中，国内各大自媒体平台流量暴涨，电商运营开始在这一领域内蓬勃发展，短视频直播成为当红产业，时代催生的全新商业运营模式在倒逼传统企业的产业链进步升级，种种现象表明短视频直播时代正悄然来临。紧抓时代变革的机遇，选择未来的掘金赛道，将成为商家、企业发展的关键。

1.1 5G 时代新营销趋势

科技的创新与发展始终引领着时代的发展，新旧时代的更迭往往是从科技的更新换代开始的。从 2014 年 4G 通信技术崛起，中国网络市场的发展迎来了连续 4 年高速增长的蓬勃之势，用户向移动端的转移促使移动支付、电商、短视频等领域飞速发展。

时间移至 2019 年，中国移动互联网市场进入了流量红利逐渐消失、线上获客基数趋近饱和的发展受困局面。当众人开始因流量问题而焦头烂额时，5G 技术横空出世，众多互联网市场发展之瓶颈开始迎刃而解。

这标志着，一个全新的时代又到来了。

1.1.1 企业增长的核心三要素

紧抓时代进步赋予市场发展的各种契机，是企业发展的不二之选。5G 时代到来后，企业如何稳固发展的生命线，不断提升市场地位、经济效益和社会效益，成了急待解决的问题。同时，这也引出了企业增长的核心三要素，即红利、运营和创新，如图1-1所示。

图1-1 企业增长的核心三要素

1. 红利

所谓红利，是指把握住时代发展的时间窗口，并跟随市场趋势发展，往往可以获得事半功倍的效果。

想要在短视频直播赛道脱颖而出，时间和精力是必要成本。相对于其他领域而言，短视频直播不需要较大的资金投入，只要我们肯花费时间和精力，就可以收获颇丰。

那么，短视频直播赛道的创业契机有哪些类型呢？如图1-2所示，企业创业契机可分为以下四大类型。

（1）兴趣爱好。选择自己喜欢、热爱的领域，有兴趣才能保持长久的热情。创业不应该只是一种赚钱手段，也可以是一种生活方式。

（2）大势所趋。时代大趋势将往什么方向去演进，商家、企业就应把发展重心调整到什么方向。雷军曾经说过：在风口上，猪也能飞起来。这句话充分体现了方向的重要性。例如，10年前的平台电商高速发展，3年前短视频直播飞速崛起，这不是风口而是趋势，市场会跟随趋势高速发展，行业会根据趋势高速增长，这就是所说的红利。

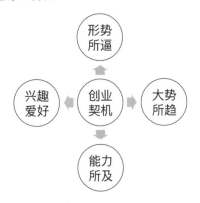

图 1-2 创业契机类型

（3）能力所及。做可以和以往积累的经验、知识、资源相结合的事情。

（4）形势所逼。有些创业或者业务转型，不是因为主动把握住了发展的机会，而是形势所迫。例如，2020年新冠肺炎疫情席卷全球，很多传统的线下企业被迫转移到线上，进而打通了短视频直播卖货的通道，但因为之前缺乏经验积累，仓促出击，取得的成绩自然参差不齐。

把握住了关键的发展契机，我们还需要了解传统电商与现代自媒体电商的基础差别，才可以深入了解红利的含义。

传统电商发展至今，有其不可小觑的行业规则。例如，淘宝、天猫、京东这类电商平台至今依然是互联网市场中最主要的零售阵地。这些电商平台的最主要运作方式都遵循着搜索逻辑。以淘宝为例，绝大多数用户打开 App 后，做的第一件事情就是输入搜索关键词，搜索结果会显示几十页甚至几百页的产品信息，但绝大部分用户只会浏览前面几页内容。

正常情况下，每屏页面只能展示 4～5 个产品信息，这也是行业俗称的"豆腐块"。第 1 个"豆腐块"是广告的位置，此后，大概每隔 6 个"豆腐块"会出现 1 个广告位。这些广告位展示的商品，是根据商家后台投放淘宝直通车的竞价排名决定的，这种广告位展示的费用，按照行业平均水平单次点击为 2～5 元（不同的产品类目，存在巨大的差异）。此外，在大促活动期间点击成本还会提高，单次点击甚至高达数百元。

即便如此，这些高额的投入也只代表相应的点击数量，具体的成交效果取决于最终的转化率。例如，目前淘宝多数领域每 100 次点击的成交率只有 2% 左右。所以，对于商家而言，传统电商平台流量成本居高不下，大多数做平台电商的商家两三年后依然一无所获，这是传统电商市场的发展现状。

而短视频直播领域却拥有另外一套游戏规则。企业、商家不需要投入重金去换取 2% 的回报，只需要投入很小的成本甚至零投入，就可以参与到市场竞争中。

拍摄一条抖音短视频所需的物料最低成本仅为十几元，即花十几元准备一个三脚架，将自己的手机固定在拍摄位置，便可轻松完成了。

无论是抖音、快手等短视频平台，还是 B 站（一般指 bilibili）、腾讯直播这样的直播平台，都可以用这种方式投放视频作品。

另外，在传统电商领域投入并不代表必然有收获，往往企业、商家投入了很多筹码，获得的回报却寥寥无几。但是在短视频直播领域企业所承担的风险完全可以忽略不计。

但需要特别提醒各位朋友的是，勤奋是获取和享受红利的重要前提。

如今，互联网市场中出现了大批培训机构，此类机构声称可以帮助自媒体运营者在几个月内获利百万元，或者粉丝数量突破百万等，这类情况基本上可以判断对方是在"割韭菜"。每个行业都有"1万小时定律",不投入更多的财力那自然需要投入更多的精力。如果在这个行业中不去钻研,不去学习,不去付出,往往最终也只有一事无成的结局。

2. 运营

运营是指如何驱动团队高效运作。在互联网行业,运营做得最为出色的是我们熟知的阿里巴巴。

"一个人拿两个人的工资干三个人的活"就是对阿里巴巴团队成员最形象的描述。

笔者身边有很多在阿里巴巴工作的朋友,约他们一起出来吃饭可以,但后续想再进行其他的活动往往会被拒绝,理由近乎完全一致——要加班。我们可以看到杭州西溪阿里巴巴总部凌晨两三点钟依然灯火通明,在那里拼搏的每一位阿里巴巴人,都不是因为企业的制度约束而加班,而是因为企业愿景、使命、价值观、文化驱动等因素而自发做出更多的贡献,投入更多的精力。

3. 创新

企业在日常工作中的创新往往更针对工作方式、运营技巧等,这些都属于微创新,而商业模式、发展方向调整等创新则属于颠覆式创新。

在企业管理方面有一种非常重要的创新方式叫阿米巴,它的创始人是稻盛和夫。稻盛和夫创建了两家世界500强企业:京瓷和KDDI(日本电信)。他曾在78岁高龄时拯救了濒临破产的日航,用了3年时间把日航从亏损1000多亿日元的负债企业转变为盈利1000多亿日元的国民强企。阿米巴的组织管理方式能最大化调动团队的积极性,将员工的潜力发挥到极致,这就是组织创新。

近两年,在产品创新方面极其亮眼的当属抖音大V李佳琦推广花西子雕花口红的带货方式。这款口红结合了中国的传统文化,在口红上面进行精美的花纹雕刻，其凭借着独特的艺术韵味已成为网红爆款产品之一。

1.1.2 流量趋势

品牌是商业市场的代名词，曾经只有企业和产品才称得上品牌，但自媒体时代到来之后，个人 IP、大 V 账号都可以成为品牌，决定自媒体品牌成长的关键因素正是流量。

在 5G 时代即将全面来临之际，我们不难发现，企业的成长速度与流量之间的关系越发紧密。

正如企业增长公式"收入 = 流量 × 转化率 × 客单价 × 复购率"所示，企业要实现收入增长，首先考虑的应是流量问题。在现代互联网市场中流量被分为免费流量和付费流量两大板块，如图 1-3 所示。

图 1-3 流量分类

1. 免费流量

免费流量是指免费或者以较少的资金投入就可以获得的流量。例如，微信好友、微博粉丝、自媒体的粉丝等，这些零成本即可触达的用户就是免费流量。免费流量又分为两种类型。

（1）私域免费流量。私域免费流量的核心是人。例如，一个人在朋友圈中始终保持一个良好的形象，拥有极佳的口碑，那么，当他通过朋友圈推广商品时，转化率一般都不会太差。

（2）公域免费流量。公域免费流量是指在所属平台引流，单纯依靠输出内容的优质性所获得的免费流量或者以极低的成本获取的流量。以笔者打造的陆鸣社为例，通过善用"强调持续干货输出、重度线下链接"的成长方法论，陆鸣社的大V"琼斯"（抖音号为"琼斯爱生活"），在三个多月时间实现了粉丝数量从0到200万的突破。

"琼斯"具有良好的拍摄和表演能力，其账号所属领域为美食领域，内容主要为从海鲜购买到制作再到品尝的过程，人设定位为高端生活方式的引领者，目前在平台保持着较高的活跃度。

2.付费流量

付费流量主要通过以下三种形式来获取：广告费、房租和佣金。

（1）广告费。广告费是大众常见的付费流量获取方式，且类型众多。例如，在电视台以及网站投放的广告都需要支付广告费。

不管是百度、优酷、土豆等视频网站，还是淘宝、天猫等电商平台，都有广告位，这些广告位就是典型的付费流量获取渠道。

（2）房租。线上租展位，线下租商铺。例如，上海最繁华的街道南京东路，日平均客流量在100万左右，100平方米左右的店铺年租金超过300万元，这就是线下的流量成本。

商家、企业为什么要选择在南京东路而不是在普通社区开店呢？当然是因为流量。虽然普通社区店面的租金很低，但流量极少，转化率更是堪忧。相反，南京东路日均100万左右的客流量可以为商家、企业创造较高的价值，在高转化率的基础上，品牌宣传的效果也会更好。

例如，在南京东路中段的圣德娜商厦，有一家美特斯邦威旗舰店，店铺共5层楼，每层面积均为1000平方米左右，年租金为5000万元左右，年销售额超过1亿元，这就是为了获取流量所付出的巨大成本。

（3）佣金。在短视频直播领域，最常见的模式是达人或者KOL（关键意见领袖）通过短视频或者直播的方式帮品牌主带货，进而收取一定的坑位费（指通过网红主播带货，相应商品要支付上架费用，也可称为服务费或者推广费），在产品成交后，再按照销售额的比例进行分成，这就是佣金。

例如，2020年4月1日，罗永浩在抖音直播带货首秀，平均每个商品坑位费高达数十万元，当晚成交量最高的是一款小龙虾，销量达几十万单；销量最不理想的是一款录音笔。如果单纯从直播卖货的收益来看，录音笔一定是亏损的，但是当晚有巨大的流量曝光效应，所以一部分费用可以视为广告费。利用达人带货不能以单场的损益来计算投入产出是否合理，更要看综合价值。

通常来说，找网红带货有两种模式。一种模式是先付坑位费，再按照销售额的一定比例与网红进行分成；另一种模式是直接给高佣金。前者适合像薇娅、李佳琦等知名的网红大V，后者更适合腰部和尾部的小型KOL。

中小品牌找大网红带货被选中的概率不高，大网红对品牌有一定的要求。

大品牌对应大网红，小品牌对应小网红。小品牌找大网红带货要付出高佣金或者提供高坑位费，但即使单场直播亏损，中小品牌还是有找大网红带货的需求。背后的原因是大网红直播带货后，小网红就会跟进，有大网红的背书就可以压低小网红的佣金比例，综合计算还是会有利润。

那么，免费流量和付费流量各适合哪些企业和商家呢？或者说企业和商家应该如何选择流量种类才能获得更好的发展呢？从流量趋势的发展来看，要想获取免费流量，就要打造IP，即人格化品牌，赋予品牌生命力。

在以往的市场中，产品只是产品，没有性格特征，但未来的产品随着时代进步必然会与人绑定在一起。例如，提起乔布斯就会想到苹果。以前，格力花费上千万元请成龙代言，现在董明珠一个人就可以代表格力，这种产品与企业灵魂人物的结合将节省巨额的广告费。

用户会因为对董明珠的喜爱，而为格力的产品买单，也会因为对人物的敬佩改变自己的选择。

这种现象在中国市场绝不是个例，在供给侧产能相对过剩的情况下，企业产品和其竞争对手并没有明显的差距，根本的差异是品牌所承载的人格化标签。

人格化品牌可以帮商家获得巨大的免费流量。例如，李子柒在抖音上拥有4000多万粉丝，2020年1月，《人民日报》对李子柒给予了高度评价，因为她把中国的文化传播到了全球，吸引了无数海外粉丝。李子柒账号中出售的自营食品有藕粉、螺蛳粉等，相比之下，这些产品的性价比并不高，但即便如此，其一年的销售额依旧高达几亿元，因为粉丝喜欢并认可李子柒，所以价格不再是决定是否购买的主要因素，粉丝愿意为自己的偶像买单，这就是IP的力量。

当然，选择免费流量并不代表企业、商家要放弃付费流量，在运营过程中免费流量+付费流量两种方式同时推进也不失为聪明的选择。

免费流量虽然成本低但是相对不够稳定。一是因为IP有一定的生命周期，二是因为平台有一定的迭代规律。从最早的微信公众号、微博到这两年的抖音、快手，流量平台一直在变迁。付费流量可以跟平台建立起长期共生共存的关系，这样更容易得到平台额外的流量扶持。因此，最好的运营方式是将免费流量和付费流量组合起来去做。

目前，付费流量的获取方式主要有以下五种。

（1）CPM（Cost Per Mille）：根据每千人播放量计算。在爱奇艺、腾讯视频、优酷、抖音等平台观看视频时的广告大多属于这类广告，根据千人展现量来计费，市场价格一般在每千次播放量10元左右。

（2）CPS（Cost Per Sales）：根据销售额计费。绝大多数的网红直播带货、淘客带货采取的都是CPS的推广方式，佣金一般为20%左右，根据品类、品牌不同，佣金比例会上下浮动。像给小米、耐克、阿迪达斯这样的大品牌带货，网红只分走3%左右；如果给不知名的品牌带货，网红最高可抽取50%～80%的佣金。

（3）CPA（Cost Per Action）：有效用户行为计费。刷抖音、快手有时会跳出表单邀请你留下联系方式，这种广告就是CPA。会根据用户留下手机号的有效行为进行计费。

（4）CPC（Cost Per Click）：根据点击次数计费。淘宝的直通车是最典型的按照点击次数计费。淘宝靠直通车广告的营收远比交易手续费高得多，因为用户的100次点击可能只成交几单，但是几百元就要交给平台。点击的价格是由竞价排名系统来决定的，这种流量成本通常会很高。

（5）CPT（Cost Per Time）：按照展现时长收费。例如，"双11"期间在淘宝的黄金位置投放12个小时的广告，成本甚至会高达百万元以上。

常见的付费流量获取方式就是以上这5种。企业和商家应根据自身行业特点、产品属性和优势选择适合自己的广告投放方式。

1.1.3 短视频直播赛道的流量红利

从商业发展的历程中我们可以清楚地发现，任何趋势的到来与更迭都有一定的时间周期，而就当下科技的发展而言，每五年左右就会出现一波流量红利，如图1-4所示。

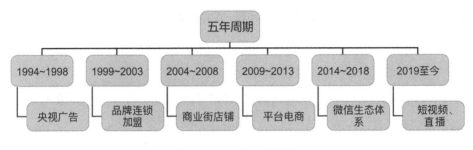

图1-4 流量红利周期

20多年前，流量红利主要来源于电视广告轰炸。例如，秦池酒厂在1995年以6666万元的最高价击败竞争对手，成为中央电视台广告标王。通过央视广告，秦池酒厂的知名度大大提高。

在当时的流量红利期，只要企业敢在中央电视台投放广告，都可以获得巨大的流量，甚至很多电视广告并不是投放给消费者的，而是为了吸引经销商。

随着时代的发展，从1999年流量红利的主要来源变成了品牌连锁加盟。当时，中国市场受麦当劳的启发，全国各地涌现出大批品牌连锁的专卖店、加盟商，这种方式又被称为"卖地图"。省级代理发展市级代理，市级代理发展区县级代理，每个代理商不仅做行业内的市场营销，更会主动开拓市场，主动去招募下级代理商，依靠这种模式很多国内品牌得以崛起。

从2004年开始，流量红利的来源转移到商业街的店铺。当时，线下的店铺租金成本相对较低，而店铺的销售额却在逐年增长。

从2009年开始，流量红利的来源转移到平台电商，淘宝、京东就是最典型的代表。淘宝于2003年成立，为什么在2009年这个时间窗口才取得了非常快速的增长呢？因为淘宝出现于中国电商发展的初期，彼时市场还未成型，对于传统实体品牌而言，线上市场不具备吸引力，所以当时呈现出的现象是，线上平台主动邀请线下品牌，但结果依然不尽如人意。2008年，金融危机到来，线下实体市场遭受巨大冲击，于是无数商家开始尝试线上发展，最终造就了这波流量红利期，也助力很多品牌成为行业领军者。

从2014年开始，流量红利的来源转移到微信生态体系。第一波流量红利来源于微信公众号。在这个时间窗口，运营者只要每天付出一两个小时去做文摘类的内容推送，就可以实现快速涨粉。当时微信公众号的点击率、阅读量都非常高，运营者通过广告、带货或者把粉丝引到微信个人号中，就能取得不错的变现效果。

第二波流量红利来源于微商。当时，微商的年销售额已经近一万亿元。

但是，为什么近两年微商反而大幅度减少了呢？因为早期微商市场中出现了两个弊端：一是在早期售卖的产品中出现了很多伪劣产品，二是微商采取的多级代理压货制。传统微商中出现6～9级代理的情况非常常见，每一级代理会把货压到下一级代理上，上级代理不会在乎货品是否能在零售渠道售出，这种风险不断下潜的模式造成了整个供销链的危机，一旦出现零售端口销售不佳、停滞的状况，整个系统就如遭受地震的堰塞湖，彻底坍塌。

朋友圈的社交售卖逻辑本身没有问题，只要产品品质有保障就可以保持良好的发展。例如，陆鸣社会员中的国妆集团近年来的年销售额增长率一直保持在两位数以上，正是因为国妆集团拥有非常完整的生产线，且质量把关十分到位，才保持了持久的生命力。

第三波流量红利来源于社交电商。云集微店、环球捕手、贝店等都是借助这波流量红利成长起来的品牌。

攫取到社交电商最大红利的是超级电商平台拼多多。拼多多2019年年GMV（成交总额）已经超过一万亿元，而此平台正是基于微信好友拼团模式成长起来的。

时间到了2020年，目前最大的流量红利来源于短视频直播，原因非常简单，主要可以通过以下3个方面来理解。

1. 短视频直播的崛起是由人类认知的特性所决定的

美国著名的实验心理学家赤瑞特拉（Treicher）曾做过一个关于记忆持久性的实验，实验结论为：人们一般能记住自己阅读内容的10%，自己听到内容的20%，自己看到内容的30%，自己听到和看到内容的50%，在交流过程中自己所说内容的70%。这是由人类几百万年的生理进化特点所决定的。

人的本能表现为更愿意通过视频化的形式进行互动，而短视频直播恰恰满足了人类本能的需求。尤其是在直播过程中，用户可以通过提问、评论、打赏等方式与主播互动，这种高频的互动方式自然可以带来高活跃性的商业行为。

2. 短视频直播让信息的获取更便捷

2018年年末，抖音官方数据显示，在市级以下城市的下沉市场中，有30%左右的用户下载了抖音，但这些用户却没有下载或使用过淘宝、天猫。

相比传统电商平台而言，抖音、快手用户获取信息会更为快捷。我们以前认为在淘宝平台购物、在百度引擎上搜索非常方便，但如今大家在抖音上只需要做一个简单的动作：刷。

3. 5G富媒体时代的来临

在4G时代，大众可以随意观看视频，但资费相对较高。然而，在5G时代则不会出现这一问题。5G信号已经开始在很多一线城市试点普及。但是，短视频直播真正的爆发窗口期还没有到来，因为5G技术还未全面覆盖。

目前，抖音的日活用户数量已经超过4亿，其母公司——北京字节跳动科技有限公司已经成长为市值超过1000亿美元的行业巨头。用户的时间在哪里，利益就在哪里。抖音用户平均每天停留在平台上的时间已经超过一个小时。对于商家而言，利用短视频直播的方式和其他互联网平台抢夺用户的时间，无疑会取得事半功倍的效果。

目前，在国内短视频领域，用户日活时长排名第一的为抖音，排名第二的为快手，排名第三的为火山西瓜，随后是百度的好看视频，腾讯的微视、视频号等。在这一排行榜中，第一和第三均隶属于北京字节跳动科技有限公司。

短视频直播的红利并不是供给侧的红利，是属于了解这一领域的网红和市场操盘手的红利。享受红利的前提是要投入时间与精力，深度研究这个市场。

1.2 如何在短视频直播赛道带货起盘

在短视频直播领域,大多数人拼搏之后,都会有这样一种感触:似乎他人的成长总比自己轻松,相同的主题,自己的流量、转化、互动总逊色于同行。这究竟是为什么呢?事实上,在短视频直播赛道中,大家遵循的规则相同,玩转的套路也极其相似,但在一些细节处却存在巨大差异,正是这些关键处的差别,导致了最终结果的不同。

1.2.1 如何选品

短视频直播领域的选品与传统电商领域选品存在诸多差别,把握住这些关键,方能提升自身账号的点击率与转化率。如图 1-5 所示,选品主要取决于三方面的要素。

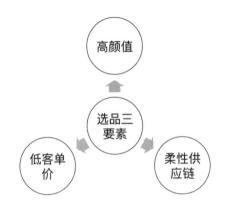

图 1-5 选品三要素

1. 低客单价

大多数短视频的时长只有 15 秒左右,产品直播带货展示时间一般也只有 3～5 分钟,因此,用户没有太多时间决策。用户往往不会像平时在线下商场或淘宝、天猫上购物一般,反复对比同类型产品的价格,决定购买大多属于感性决策。因此,对于这种激情消费为主的产品,客单价不宜过高。

那么,产品的毛利率如何保持呢?

降低产品规格可以很好地解决这两者之间的矛盾。将原本 1000 克规格的产品改成 200 克或 500 克,客单价会相应降低,但是毛利率不变。

2. 高颜值

目前抖音、快手等主流短视频平台用户的年龄普遍为 18～30 岁,这一年龄段的用户因为没有太大的生活压力,所以对价格并不太敏感,但对产品颜值的要求相对较高,购买高颜值产品后可以在朋友圈展示。

3. 柔性供应链

罗永浩在 2020 年 4 月 1 日晚上直播带货小龙虾,当晚小龙虾总销量为 84

万单，根据平台规则，这些产品商家必须要在 3～5 天之内完成发货。从消费者的角度而言，正常情况下能够接受的收货时长为 3～5 天，最长不要超过一周，否则会引起退货或差评。

差评会严重影响到店铺的评分以及新客户的销售转化。因此，想要通过网红带货，商家就需要有电商店铺，且确保柔性供应链。

目前，绝大多数的网红带货选择的都是 CPS 佣金模式，发货、客服以及物流的追踪则由商家来完成，如果商家没有电商店铺，那么，商业链条则无法完成闭环。

那么，接下来大家需要了解的是：如何去建立或寻找短视频直播带货的店铺？目前主要方法有以下三种。

第一种方法是自己开店铺，投入资金较大，但这种新店的转化率并不会太高。

第二种方法是买店铺。比如三个皇冠以上的淘宝店铺或天猫店，根据行业的不同，价格一两万到几十万元不等。

第三种方法是开抖音小店或者快手小店，这样做成本很低而且有流量扶持。

以上三种方法需要我们根据自身实际情况恰当选择。

1.2.2 流量平台的发展规律

任何时代在一种趋势兴起时都会呈现出不同的发展阶段，就目前自媒体流量平台的发展而言，可以大致分为野蛮生长、专业生产和资本玩家三个阶段，如图 1-6 所示。

图1-6 自媒体流量平台的三个发展阶段

1. 野蛮生长阶段

在这一阶段，商家只要进入其中，基本上都能获利，且不需要投入太大的精力。例如，2011年之前开设淘宝店的商家大多收获颇丰，且店铺成长较快；2013年微信公众账号的所有者可以轻松获利。这就是野蛮生长阶段的特点，大家不需要懂太多规则就有机会获利。

2. 专业生产阶段

在这一阶段，商家必须要生产出优质内容才能够得以生存，这一阶段对专业能力的要求也会随发展而不断提升。例如，视频拍摄制作能力要突出，或者拥有非常硬核的干货内容输出，再或者颜值特别突出等。总之，在这一阶段，商家的层次开始出现明显的分化，缺乏专业性的商家往往会被淘汰。

目前，抖音、快手等平台已经进入了专业生产的阶段，普通的用户进入平台后，连续发一两个月作品，播放量也只是停留在几千的水平。如果不懂平台的底层逻辑和算法，盲目运营就等于浪费精力，只有不断学习，才能提升自己的专业能力，从而跟上平台发展的节奏。

3. 资本玩家阶段

在这一阶段，需要投入较多的资金，但并非加大投入就一定可以获得成功。

平台账号运营者必须在具备"专业生产"的同时,还要具备资金实力才能实现持续盈利。现在线下实体门店、淘宝、百度就处在这个发展阶段。

对流量平台的发展阶段有了一定的了解,大家还需要了解不同策略下的流量平台选择方式。如果要做短视频,笔者首推的平台是抖音,因为这一平台用户基础数量目前最大,处于行业领先位置。

直播卖货目前有淘宝、快手、抖音三大平台可以选择。通过直播卖货,可不是一件轻松的事情。大多数主播会坚持早晨5点钟起床晨练,目的是为了保持健康和身材。直播前,主播不仅需要写作1万多字的脚本,还需要花费一部分精力去选品。主播们通常在17:00吃晚饭,18:00准备直播,19:00~21:00进行直播,直播结束后还要进行复盘,很多时候凌晨两三点钟才能睡觉。由此看来,若没有良好的身体素质是很难做好主播这份工作的。

了解完流量平台的发展阶段和选择方式之后,我们再来分析一下流量的主要类型,目前各大平台的流量主要分为以下三种。

1. 公域流量

公域流量也叫平台流量,它不属于单一个体,而是被集体所共有的流量。线上的如百度、淘宝、腾讯、抖音、快手、小红书等平台,线下的如商场、核心商圈等所拥有的流量都属于公域流量。

2. 私域流量

私域流量指的是只有运营者能随时触达、直接沟通与管理的流量。例如,微信一对一的好友、线下认识的朋友、App上的用户等都属于私域流量。

3. 商域流量

商域流量指的是在市场上采买的流量。前两种流量大家可以免费获取,也可以付费获取。在抖音上可以通过投放广告购买播放量,这相当于采买的公域流量。

商域流量只能付费购买,而且这种流量要按照市场价格进行结算。

1.2.3 如何高效运营

如今,短视频直播领域的发展前景已有目共睹,进入这一领域之后,虽然大家遵守相同的平台规则,选择相似的内容输出类型,但成长过程中,运营的技巧决定了发展空间与速度。

总结各大自媒体平台的特色后,我们不难看出运营可以分为三个步骤:内容制作、设置变现路径和付费流量投放,如图1-7所示。

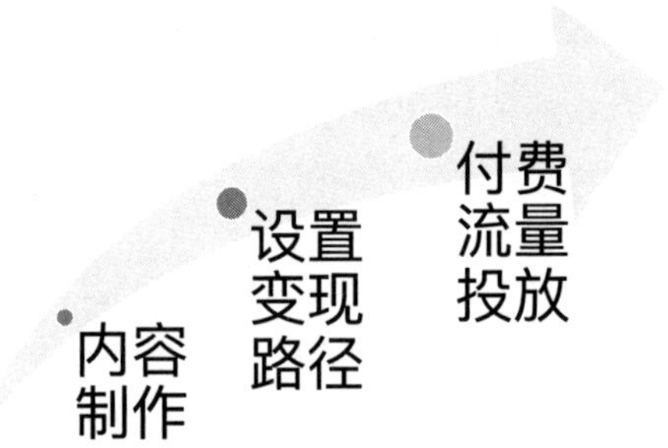

图 1-7 运营三大步骤

1. 内容制作

不管是剧情段子类、干货分享类还是带货类内容,都要涉及脚本的策划、视频制作和选取演员。稳妥的方式自然是账号所有者和共有者做主播,因为如果雇佣主播的话,很难确保其稳定性与持久性,这也是 MCN[一] 机构经常遇到的问题。当然也可以给主播分配一定的股份,使之成为公司合伙人,这样团队成

[一] MCN(Multi-Channel Network)是一种多频道网络的产品形态,是一种新的网红经济运作模式。这种模式将不同类型和内容的 PGC(专业生产内容)联合起来,在资本的有力支持下,保障内容的持续输出,从而最终实现商业的稳定变现。

员的利益才一致。

很多主播走红之后会认为公司发展主要是其个人的功劳，未来公司发展应以自己为主导，但真实的情况往往是主播与公司相辅相成，或许主播背后有资本或专业玩家在运营，不过只有两者相互结合才能创造更大的利益空间。所以，一旦出现培养的主播不稳定的情况，不要第一时间考虑直接放弃，因为重新打造一个新的主播难度非常大，而且不能复制。

当然，有实力的公司可以做虚拟IP，一禅小和尚、洛天依等就属于虚拟IP的标杆，不会出现主播因利益分配不均而单飞的现象。

2. 设置变现路径

带货变现首选淘宝、抖音小店、快手小店、京东、网易考拉等高质量的店铺。高质量指的是淘宝店铺级别要在4个皇冠以上，这算是中等质量的店铺。而天猫分为专卖店、专营店和旗舰店，每种店铺可售卖商品的品类也不一样。

3. 付费流量投放

以抖音平台的广告投放渠道DOU+为例，100元广告费大概可以换回5000左右的播放量。这个数字会因视频的质量、时间段、产品类目的不同而存在差别。抖音的鲁班电商、feed信息流等方式也是主要的投放通道。

4. 进入短视频直播赛道的正确方式

了解完关键的运营三步之后，笔者还需要额外分享一下进入短视频直播赛道的正确方式。

（1）短视频直播是趋势不是风口，早进晚进都得进，不如早进。

（2）所有产品都适合用短视频直播做品牌宣传，但不是所有产品都要追求变现。把抖音视作广告宣传平台会比其他平台投广告宣传效果好很多。

（3）根据自己的优势选对平台，优先选择在红利期的平台。

（4）要从流量思维转变到粉丝思维，优先培养自己的粉丝，而不是从外部寻找带货渠道。

例如，某商家准备将100万元资金投入短视频直播赛道。那么，其可以用两种方式进入，一种方式是花费100万元请网红直播带货；另一种方式是成立团队，甚至老板身先士卒，去参与短视频直播。

假设100万元投入通过网红直播带货回款500万元，而正常情况下用100万元培养自己的团队做短视频直播，用三个月到半年时间去耕耘，最后能带货的金额可以达到1500万元以上，两者效果相差很大。

（5）电商运营是基本功。对带货类达人而言，如果做不好电商运营同样也做不好短视频直播。走偶像路线靠用户打赏变现的人不需要拥有电商基因，但是真正能将生意做大的一定是电商才子。

1.2.4 短视频直播赛道的进入策略

正所谓"理想丰满，现实骨感"，很多新手进入短视频直播赛道的初衷只是被这一市场的利益所吸引，然而进入之后因为个人能力不足前期屡屡碰壁，不久后便又退出了这一领域。这种浅尝辄止的类型不适合进入短视频直播赛道，想要获得长期发展，自然要保持长期主义。

所谓长期主义，优先建议从品牌视角切入。流量在每个阶段都会发生迭代，在早期的成长红利阶段，如果没有完成私域流量以及品牌的沉淀，销售业绩的增长可能只是昙花一现。

在淘宝时代崛起的淘品牌目前已有很多品牌的业绩呈现下滑状况，但像南极人、韩都衣舍这样的淘品牌如今依然发展得很好。

这不仅是因为这些品牌长期以来秉持的运营理念，同时也因为其掌握了品牌商业化的技巧，如图 1-8 所示。

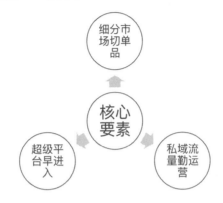

图 1-8　品牌商业化的三个核心要素

1. 细分市场切单品

从入驻行业的细分领域切入。例如，花西子最初的超级单品是雕花口红；完美日记前期的主打产品为眼影，借助小红书红利期高速成长，后逐渐扩散到美妆的全品类；罗莱家纺借助早期的线下流量红利崛起，核心产品为床上 4 件套。从供应链的角度来看，单品要拥有一定的市场竞争力，最好切入的是蓝海市场，同时还要具备一定的高颜值。

2. 超级平台早进入

为什么一定要选择超级平台呢？因为有些平台可能会出现发展一段时期后趋势下滑的状况，甚至被淘汰。例如，王思聪创办的熊猫直播于 2019 年申请了破产，这就告诫我们有资金有名气的名人做品牌也要承担巨大的风险。所以大家要明确，即将入驻的平台是否已经成长为超级平台，其被淘汰的可能性是否相对较小。

超级平台的判断标准之一是日活用户数量有没有超过千万级别，日活用户数量过千万的平台倒闭的可能性相对较小。有规模的超级平台背后往往有风投公司支撑，这类公司即便在不盈利的情况下，也会确保发展的稳定性。

为什么要早进入呢？因为早进入才会有更多红利。淘宝、天猫、京东、百度时至今日依然是超级平台，但此刻企业、商家想通过百度、淘宝去打造一个新品牌，门槛要求非常高，仅启动资金就需要准备 500 万 ~ 1000 万元，并且要求团队至少有 5 年以上的专业操盘经验，才有资格在这些平台上打造细分类目的品牌。

3. 私域流量勤运营

在跟随平台成长的过程中一定要有意识去沉淀自己的私域流量，将用户引流到微信中，设计 App 引导用户注册，包括微信公众号、小程序都可以实现私域流量的转化。在微信生态体系里一对一的好友私信是最高频率触达私域流量的方式。如果没有做好私域流量的沉淀，当平台规则、流量趋势发生变化时，业绩很有可能会开始下滑。韩都衣舍十几年屹立不倒的原因恰恰在于这一品牌拥有千万级微信粉丝。

1.3 短视频直播赛道分析与选择

目前,各种短视频直播平台层出不穷,导致很多新手不知如何抉择。《孙子兵法》有云:知己知彼,百战不殆。因此,在大家入驻短视频直播平台之前,一定要先了解这些平台,分析这些平台,最终结合自身情况,对比平台的优缺点,选好适合自己发展的方向。如图 1-9 所示,短视频直播赛道流量主要分为两大类。

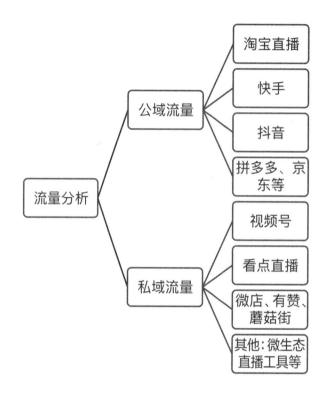

图 1-9 短视频直播赛道流量分析

1.3.1 公域流量的短视频直播赛道

首先,淘宝直播从销售金额上来说仍然是王者。虽然淘宝每天的日活用户数量并不是行业首位,仅有一亿左右,但其拥有极强的电商转化逻辑。淘宝直播的薇娅、李佳琦都是火遍全国的大咖。

目前,淘宝直播最大的问题在于流量分配不均衡。占据淘宝直播头部的网红霸占了绝大多数平台流量,而腰部跟尾部商家共享着少有的剩余流量,这种不均衡的局面促使大量商家放弃淘宝直播，转战抖音、快手做直播。

其次是快手。快手直播在2020年的带货金额预计超过2500亿元。

抖音在短视频领域一直处于领先的地位，但截至2020年上半年其在直播赛道仍落后于快手，不过随着罗永浩、陈赫、董明珠等大咖入驻抖音进行直播造势，加之推出"515王牌直播间"直播带货活动，抖音在直播赛道隐隐有赶超快手之势。

1.3.2 私域流量的短视频直播赛道

短视频赛道中私域流量的首位是微信的视频号，打开微信底部菜单发现板块，第二栏就是视频号。

视频号的商业闭环怎么建立目前无法确定，但是微信官方高层非常重视。由此可见，其未来发展可期。

在腾讯直播生态体系中，第一类是"亲生"的，比如看点直播，这款直播软件是腾讯官方研发的直播工具。

第二类是"抱养"的，比如，腾讯参股企业微店、有赞、蘑菇街等。

第三类是基于微信的API开放接口技术接入其他企业开发的直播工具。比如无敌主播、有播、小鹅通、特抱抱等。

1.4 短视频直播的下半场——创品牌

短视频直播赛道的未来发展空间极其广阔，但支撑企业、商家获得良好发展势态的基础与传统电商市场完全相同，那就是品牌。下面，我们需要了解如何在短视频直播赛道"创品牌"。

任何市场的构成与发展都离不开三大要素：人、货、场。超级平台就是所谓的"场"，进入超级平台的两个路径分别为"人场"和"货场"。

那么，短视频直播发展到今天，做"人场"还有机会吗？有，但是机会相对较少。如果主播有持续输出优质内容的能力，有自带流量的 IP 属性，相对发展空间会更大。原因非常简单，如今大量的影视制作公司、明星艺人、原生网红早已深度布局，市场大部分利润已被其牢牢把控。

图 1-10 为 2020 年 10 月直播电商带货的前 10 强榜单。

直播电商主播GMV月榜 TOP 10

2020.10.1 — 10.31

联合发布：WeMedia、鞭牛士BiaNews、凤凰网时尚、凤凰网娱乐、新腕儿

排名	播主昵称	销售量（万件）	销售额（万元）
01 淘	薇娅viya	3701.81	914057.27
02 淘	李佳琦Austin	2865.42	595328.93
03 淘	雪梨_Cherie	664.88	159972.25
04 快	辛巴	959.69	130371.59
05 快	蛋蛋	939.27	98346.69
06 淘	烈儿宝贝	396.08	72172.21
07 快	驴家小胖	17.84	69129.96
08 快	时大漂亮	581.67	65572.42
09 淘	陈洁kiki	322.02	55554.87
10 快	玩家	456.68	52701.49

图 1-10 2020 年 10 月直播电商带货前 10 强榜单

自媒体平台五大商业元素为：兴趣所致、能力所及、大势所趋、价值所向和形势所逼，如图 1-11 所示。

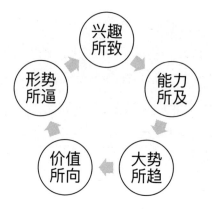

图 1-11　自媒体平台五大商业元素

通过对比自媒体平台的五大商业元素和短视频直播领域的发展现状，大家不难看出，现在进入短视频直播赛道的确已经不是最佳时机，很多企业、商家很可能处于"形势所逼"的状态，短视频直播赛场的上半场"人场"已经步入尾声，下半场"货场"正在来临。

下半场的主题词"创品牌"成了焦点。这是"货场"走主线、"人场"打辅助的叠加玩法。因为现在携流量以令诸侯的短视频直播平台，都在从 CPM（以曝光展现量作为主要收入来源的广告平台）向 CPS（佣金制卖货平台）推进，正在加速电商化。

当年阿里巴巴、京东用 10 年走完了这条路，在短视频直播领域只需要 3～5 年。抖音诞生于 2016 年，快手更是早在 2011 年就已成立了，这两个超级平台目前合计拿走了 9 亿以上的日活跃用户数，它们爆发于 2019 年，在 2020 的发展更为迅猛。

在"淘品牌"时代，市场上诞生了不少于 100 个年营收达 10 亿元以上的品牌，比如完美日记、南极人、韩都衣舍、花西子、拉面说、蕉内、钟薛高、元气森林、映趣、SKG、小鲜炖、鲨鱼菲特、HFP、王饱饱、三只松鼠、8H、三顿半、马丁、铜师傅、阿道夫、全棉时代……相信不久的将来，一定会成长起大批"抖品牌""快品牌""播品牌"，这些正是从短视频直播等超级流量赛道，结合高质量供应链的品牌发展法则成长起来的超级物种。

短视频直播消费的逻辑最终还会回归到"定价权"，头部网红拿走弱势品牌的定价权，而强势品牌保留自主定价权。

看看当代主流网红的发展就可以明白这一逻辑，难道粉丝是因为薇娅颜值高、李佳琦有魅力、罗永浩太个性才疯狂买单的吗？当然不是，主要原因还是全网最低价的承诺。

网红有生命周期，而唯有品牌可以穿越渠道的生命周期，可大、可久、可传承。

雷军说过：在风口上，猪也能飞起来。而鲜有人知的是他的下半句话：如果猪身上有个小翅膀，可以飞得更高。而品牌，就是众人眼中的"小翅膀"。

第 2 章

如何从零开始
打造现象级网红品牌

能否成功进入短视频直播赛道，关键取决于能否打造出现象级网红品牌。大家都清楚现象级网红品牌可以带给企业、商家多大的发展助力，也非常清楚现象级网红品牌背后代表的价值。但一切现象级网红品牌都是从0到1的过程，大家需要专注的只是过程中的技巧与方法。

2.1 打造网红品牌的底层思维：沸水思维

商业经验的积累可以很微妙地用生活常识来还原，每当被人问及如何打造现象级网红品牌时，笔者总会想起儿时看母亲烧水的过程。当时家中用的还是传统的热水壶，用它烧水的过程非常简单，就是水在不断加热的过程中达到沸点。这也契合了当下现象级网红品牌打造的原理。企业、商家追求的正是水沸腾的状态，当水沸腾时也是水壶"鸣笛"之时，但只要水温达不到沸点，水就会维持在一个持续升温的状态，不会沸腾。烧水的过程中无论火候大小，只要保持加热，水一定会沸腾。这就是打造网红品牌的底层思维——"沸水思维"。

2.1.1 网红品牌的 4 个特征

要想打造网红品牌，大家首先需要了解的就是网红品牌的 4 个特征，如图 2-1 所示。

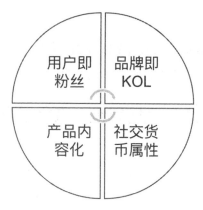

图 2-1 网红品牌的 4 个特征

1. 用户即粉丝

普通的品牌在淘宝上开店，只要产品能达到 65～70 分（满分 100 分），基本上消费者都不会给差评，因为消费者也非常理解电商运营的难处。

但是网红品牌的用户不仅是消费者更是粉丝，用户会用 90 分的标准来要求网红品牌，所以粉丝属于高期望值用户。

2. 品牌即 KOL

作为网红品牌，核心策略是让品牌具备意见领袖的作用，能够带动他人，能把大众的口号变成消费者和品牌共同的话语体系。

笔者在操盘"牛肉哥"这个账号时提出了一个口号："让中国人喝西班牙酒，比西班牙人喝西班牙酒还要便宜一分钱"。

这句话文字不够美观，也不高尚，但十分接地气，对于受众可以产生记忆点。这其中包含了两层意思：一是具有极强的国际平等的理念。这是目前中国消费者普遍的心理需求；二是价格平等，这是所有中国消费者最喜欢同时也最讨厌的事情。价格可以贵，但不能让消费者明显感觉到不公平。这句话让消费者认同了"牛肉哥"的价格体系，以及认同西班牙酒。

这件事情反映出 KOL 一定要具备喊口号的能力，如果 KOL 整天卖弄风情，说精致的语言，拍精致的画面，则没有太大的意义。品牌要把口号喊出来，让一部分人先相信，然后逐渐让所有人都相信。

粉丝信任的过程需要用实际行动来驱动，而不仅仅通过喊口号，但喊的确是主播要做的第一步。

3. 产品内容化

所谓产品内容化，即产品已经不仅是材质、色彩、质地等组成的物理产品，还和内容融合在一起，形成一个虚拟的环境，让用户感同身受。李佳琦把口红打造成爆款毫无疑问震惊了整个美妆界，"牛肉哥"能把红酒打造成爆款也让整个食品电商行业非常震惊。为什么红酒和口红能变成爆款呢？其中包含着以下三个底层逻辑。

（1）低客单价。口红属于低端价位的奢侈品，红酒相对口粮酒而言价格较低，客单价很少超过 200 元。

（2）高采买率。限制消费者买生鲜的最大瓶颈取决于家庭的冰箱有多大，所以不管生鲜的折扣有多大，利益点描述多么诱人，最后消费者下单时还是会考虑冰箱里有没有地方储存。

相比之下，买红酒就没有这一烦恼。红酒的酒标和酒瓶通常颜值较高，喝过后酒瓶可以存放在酒柜中作为装饰。酒的储存也不复杂，商家有促销活动的时候多买几瓶储存也非常合理，因为红酒不会轻易变质，这和生鲜完全不同，所以红酒的采买率会比生鲜要高。

对于女性而言，口红属于消耗品，她们在促销活动期间经常会多买一些储备起来。

（3）高精神属性。通过内容营销来完成交易闭环。红酒这个品类天然有优势。酒庄葡萄的品种、加工的工艺、产区的不同等可以引出的故事非常多，所以不用担心没有内容。

这就如同对于男生而言口红好似只有一个红色，而对于女生而言口红有无数个色号。

4. 社交货币属性

传播成本最低的策略是什么？内容产出之后需要传播，从而让更多人看到，过程中则会产生传播成本。降低传播成本的策略就是产品本身要具备社交货币属性。

例如，白酒天生具有社交货币属性，每一款白酒背后都有诸多人文故事。仅产地故事，大家就可以从牛栏山聊到茅台，过程漫长且内容丰富。

2.1.2 沸水思维的3个要素：网红产品的爆发力是如何诞生的

沸水思维之所以可以助力企业、商家打造网红品牌，是因为两者都遵循着相同的逻辑，了解了网红品牌的4个特征之后，我们再来分析网红品牌的爆发力，如图2-2所示，沸水思维应有3个要素。

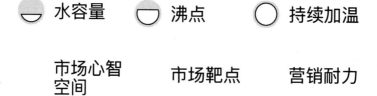

图 2-2 沸水思维的 3 个要素

1. 市场心智空间——水容量

第一个要素为"水容量"。营销如同烧水,烧水首先要选择水容量,而营销首先要选择市场心智空间。市场心智空间小,相对空间内的水量便少,这样很容易被烧开,更容易被烧干,一旦烧干后果则不堪设想。

例如,30年前小龙虾并不像今天如此火爆,因为30年前的小龙虾烹饪口味相对单一,没有十三香的诱人,更没有麻辣的刺激。但时至今日,小龙虾已发展成全国人民都青睐的美食,甚至在北方小龙虾销量比产地南方更高。

曾经有着冰淇淋之王称号的Gelato冰淇淋,原产地为意大利的西西里岛。仅听到西西里岛的名字,大家就可以联想到沐浴阳光、和风拂面的浪漫感觉,而且这款冰淇淋的味道的确独特。不过在中国市场中的Gelato都是美式冰淇淋的变种,并非正宗的品牌味道。

今天的Gelato跟30年前的小龙虾很像,吃过的人都很认可,但是用户认知度不够,不具备把水烧开的心智空间。

2. 市场靶点——沸点

沸水思维的沸点可以视作市场的靶点,其核心指标也叫行业认知度。

例如,东阿阿胶把很多东阿的原材料加入燕窝补品中,目的是利用足够的认知度把自己的产品推向市场。

如今,抖音上十分流行一种产品形态——慕斯。如果牙膏、去角质等日化类的产品外观提升到慕斯的级别就容易成为爆品,主要原因是慕斯自身有一种趣味性,并能体现产品过程之美的形态。

例如,珀莱雅的爆品黑色泡泡面膜本质上也属于慕斯系列,这款面膜使用过程非常有趣,可以产生独特的气泡,有兴趣点、有话题性,这类产品自然会被更多人追捧。

3. 营销耐力——持续加温

商家、企业如果没有能力自己去培养、孵化网红，也可以去找 KOL 深度绑定合作。例如，"认养一头牛"跟薇娅达成了深度合作，已取得了不错的效果。如今"认养一头牛"已经是乳制品行业中知名度非常高的品牌。

在目前的电商生态圈中，拼的根本不是爆发力，而是耐力。例如，虽然"双11"只有一天，但需要 22 天才能把"双 11"这场战争打完。

一个 KOL 在"双 11"前后的 22 天中连续直播 7 次，远比直播 1 天销售额达到 1000 万元重要得多。

目前，在微博、抖音、快手等平台引入的流量，通过综合算法加成引入淘宝，一个 UV（独立访客）的引入平台会返补 3 倍的 UV，数据相当可观。淘宝头部的美妆品牌商家，在头条系信息流广告里面 ROI（投资回报率）只能做到 0.6～0.8，基于这个逻辑，如果按 1:3 的返补比例计算，综合 ROI 将能达到 1.8。

所以，在"双 11"期间，拥有持续的站外流量就可以把自己的竞争对手远远甩在身后，而且还有一个非常有趣的现象，大部分的商家在"双 11"当天都会坚持到凌晨两点钟，并认为自己已遥遥领先了，但网红店的爆发时间却是在"双 11"当天早上 11 点，因为这一时间段无数用户都已睡醒了，并开始支付尾款。

网红店过人之处在于它可以在"双 11"前的 20 天把流量累积到令人咋舌的程度，消费者在这一过程中会大量预购，到"双 11"上午付清尾款。或许大家不了解类目第一意味着什么，以及这对资本市场有多大的价值，但事实上其背后的数据主导着市场的发展方向。例如，李佳琦卖金字火腿，背后企业股票市值涨幅高达几亿元。

试想如果李佳琦不推广口红而是推广冰淇淋，其结果一样可以成为类目头部，知名度甚至可以大于钟薛高。虽然有可能达不到今日美妆的高度，但结果不会有太大差别。

如果"牛肉哥"不卖红酒,而是卖 AJ 球鞋,自然也可以成为头部达人。因为红酒的核心用户 90% 是男性,而大多年轻男性隶属"鞋奴"领域。

营销耐力的核心指标叫认知转化成本。投入的资源换来的效果只要效率足够高就是值得的。李佳琦卖冰淇淋的效率自然比不过卖口红,所以其考量的核心是认知转化成本,每个人的认知转化成本在不同垂直类目下各不相同。

2.1.3 品牌信任的 3 个阶梯

品牌之所以被商业人士视为可持续的巨大商业价值,主要是因为品牌可以获得粉丝的信任。网红品牌同样遵循这一原理,而想要获得粉丝的信任,就需要从品牌信任的 3 个阶梯出发。

第一个阶梯被称为供应链信任。用户相信产品品质可靠,也对企业、商家在供应链层面上的人设保持信任。

第二个阶梯被称为人格信任,也被称作右脑信任。其偏感性,粉丝认定企业、商家的人设靠谱。

第三个阶梯被称为梦想共鸣,也就是前面讲的品牌及 KOL 的声望。企业、商家可以为自己代言,这也叫作多巴胺信任。

通过以上三步的完整设计,网红品牌才可以有血有肉。由此可见,进军短视频直播赛道要有梦想,没有梦想的网红永远不能成为达人。

2.2 短视频时代的品牌营销机遇

新媒体时代的风口出现后,无数品牌蜂拥而至。虽然众多品牌享受到了时代红利,但不乏一些品牌在竞争中遭受重创。

2.2.1 短视频会火的 3 个底层思维

如图 2-3 所示,对于短视频直播领域而言,3 个底层思维大家不可忽视。

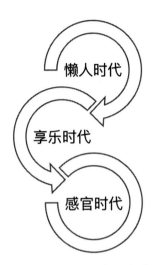

图 2-3 短视频的 3 个底层发展思维

1. 懒人时代：去中心化的分发机制——间歇性强化

首先我们看抖音的分发机制。

（1）去中心化。抖音基于对用户的观察以及对视频的识别，先进行双向打标签，之后进行精准的匹配，这一过程是完全去中心化的。

（2）流量池算法。让内容之间产生竞争。用户在抖音上发一条作品，平台会先给予200～500个流量，让系统判定作品优劣。快手也是如此，底层逻辑相同，竞争机制也一样，只是打标签的方法和分配方式存在差别。

在第一级流量池当中，系统通过点赞、评论、评论里面的点赞、完播率等指标数据得出结论，这条视频的品质有没有资格进入下一级流量池当中。如果有，平台再给予一个量级的流量。如果在5万的粉丝量级里面作品又可以获得优秀的评定，其还会进入下一级流量池，以此类推。

因为这套机制的存在，所以抖音不存在所谓的粉丝规模和私域流量。抖音

1000万粉丝的账号，如果视频质量不好，播放量一样会很低，不会因为粉丝多而有很大优势。抖音的关注列表本质上不会有太大作用，大部分用户刷抖音依然习惯刷"发现"而不会刷"关注"。抖音平台也不会优先把关注的账号作品推荐给用户，尤其针对自身质量经不起流量池考验的作品，所以在抖音上做内容很苦，如果内容不好，1000万粉丝账号的播放量不如20万粉丝账号的播放量很正常，这也是抖音的现状。

从算法层面上，平台会筛选优质的内容创作者，然后用标签的算法标记用户。用户在抖音里面每天观看内容的类型，就成了平台算法的重要依据。例如，用户喜欢看高颜值、才艺类型的短视频，抖音也会迎合用户的兴趣爱好，为用户推送此类视频，用户自然也更加青睐这种机制，这就是所谓的懒人时代。

2. 享乐时代：10个经典心理消费机制

（1）生理欲。大部分男人对美女都无法抵御，这是人类的生物本能。

（2）猎奇。比如奇特的风景、美景、新奇的小玩具等都会让用户产生猎奇感。

（3）心理优越感。所有的搞笑、吐槽、模仿，本质上都是因为人们很喜欢在他人那里产生心理优越感。

（4）道德俯视。同情、批判都属于道德俯视。

（5）广义同类。在微信公众号时代，老婆吐槽老公的内容特别火。一些话题很容易引发女性的共鸣，特别是已婚女士，对此关注度更高。这类话题被称为广义同类。

（6）狭义同类。主要是指明星话题和热点事件。

（7）求生欲。主要是知识和经验的获取。

（8）获得安慰性满足。包括心灵鸡汤、情感共鸣和年龄穿越。

（9）偶像崇拜。这是逃避现实的一种方式。

（10）完整性强迫症。

3. 感官时代：五感营销机制

如何设计一款让人尖叫的网红闹钟？抖音总裁张楠曾经说过，抖音两个字里面有一个重要的"音"字，音乐的音。滤镜在工具类产品当中非常重要，但这个世界上更厉害的滤镜是音乐。音乐不仅能影响人的听觉体验，更能影响情绪，让人产生荷尔蒙和多巴胺，这也是抖音引流的核心策略。抖音的全职团队中甚至配有专业的音乐创作者来创作平台音乐。

音乐是什么？感官刺激。感官刺激的维度每增加一重，快感就增加一倍。什么是快感？快感可以用人体内的多巴胺来衡量。人类有五感，以前图文和视频主要是触及视觉感官，抖音的音乐放大了听觉，仅仅是这一层，就让用户体验翻了几倍。未来营销的发展其实就是感官刺激的升级，大众的触觉也许还可以被刺激，然后是嗅觉、味觉。

剑桥大学的老师曾经给学生出过这样一个课题，他让工业设计系的学生设计一款脑洞闹钟，希望闹钟的设计可以出人意料。最后，得奖的闹钟是一款能够调动听觉和嗅觉的产品。这款闹钟的特点是靠刺激听觉和嗅觉来叫醒用户。8点钟的时候，是郁金香的味道；9点钟的时候，是玫瑰花的味道；12点钟的时候，是桂花的味道。香味本质上是一种香氛剂，有使用次数限制的，需要保养，还需要买香气胶囊，可以更换味道。这个例子非常有趣，从感官刺激角度描述了不同的营销手段。

2.2.2 抖音、快手哪家强

作为自媒时代的两大短视频平台，抖音和快手一直被人拿来相互比较。那么，面对这一情况，企业、商家又该何去何从呢？很多人一定会回答，同时进军两大平台不就行了，但笔者想说，无论企业、商家想进入哪一个平台，都先要对这个平台有足够深的了解。如图2-4所示，快手、抖音平台存在明显差异。

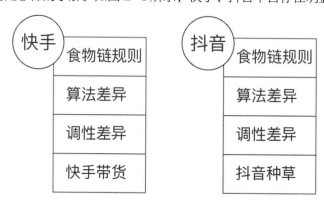

图2-4 抖音与快手平台差异对比

1. 流量霸主的食物链规则

快手的业务包括直播、线上营销服务、其他业务三部分。2020年以前，直播业务一直占据80%以上比例，2017年至2019年收入分别为79亿元、186亿元、314亿元，直到2020年上半年直播业务收入173亿元，占比降至68.5%。

抖音是另外一套商业模式，其本质上是一家广告公司。抖音2019年广告收入600亿元，2020年目标900亿元。快手2020年目标广告收入400亿元，与抖音之间的差距为500亿元。

2. 算法差异

快手是温情江湖，抖音是冷酷秀场。

快手是比较追求普惠主义的温情江湖，可因为它的普惠机制导致平台很难产生头部效应，在正常的内容分发机制下，如果账号的内容质量好，在快手做到50万粉丝不难，但是再往上增粉就会遇到瓶颈。快手千万粉丝级大号大多是通过直播达成的，纯靠内容很难。

而在抖音上只要内容质量好，便可以达到千万粉丝级。虽然抖音的千万粉丝相对快手的千万粉丝价值并不突出，但商家愿意为广告买单。相比快手而言，抖音可以称为冷酷秀场。每个人都在秀，但即使粉丝再多，这些粉丝也不属于单独的主播，用户永远只属于抖音这一平台。

相比之下，快手虽然给主播的粉丝量并不大，但私域化属性很突出。只要开直播，粉丝在置顶位置就可以看到，进而进入主播的直播间。

两家公司发展策略的不同导致了其生态的差异化，快手最后变成了社交平台，当然要保证私域性；而抖音要追求极致的好内容，增加用户的使用时长，所以它成了"广告公司"。

快手和抖音算法的底层逻辑相同，都是通过流量测算筛选内容。但是快手与抖音最大的区别在于快手缺乏审美机制，无差别对待作品内容，平台不会在算法里面埋伏对于视觉内容集中度上的标准。

而抖音则会干预内容的方向，如果抖音发现有一类内容用户都在模仿，产生的用户口碑也达标，一段时间过后，平台会调低这类内容的推荐力度，因为平台希望有更好的内容诞生，不会让同类型的内容长期霸屏。哪怕这一内容大部分用户都喜欢，抖音也会主导这一类型内容的更迭。

抖音会避免内容集中度过高，不过如果内容足够好，平台会疯狂推荐；而快手中则不会出现这一情况。可以说抖音非常优待优质内容，这件事情恰恰是品牌主希望看到的。因此，抖音是品牌主思维，而快手是纯社交思维、个体化思维。

3. 调性差异

可以从以下三个视角对比快手和抖音两大平台的调性。

（1）对内容的干预不同。抖音会对内容进行干预，扶持那些和品牌价值相一致的内容。而快手不干预内容，不干预的结果是品牌主无所适从，放弃广告的投入。

（2）宣传效果不同。快手的点赞量不会太过夸张，而抖音的点赞量却可以达到惊人的程度。对于品牌主来说，如果投放的抖音视频广告成为爆款，获得五六十万点赞，则可以截图发朋友圈，截图上面右侧的小红心非常醒目，五六十万点赞的数字也属于傲人的成绩，这件事情就成了一种品牌的提升，以及品牌影响力的扩张。

快手上哪怕有100万点赞用户也很难发现，因为要把目光移到左下角，看白字当中的文字描述，才知道该视频已获得多少万点赞。由此可见，快手不适合品牌主作为宣传阵地。

（3）头部效应不同。抖音的评论转发功能和微博十分相似，极具中心化，很容易诞生爆火的话题，这也是品牌主最希望看到的效果，因为话题引爆的直接结果是几亿人的浏览；而快手所有的评论都没有转发功能，虽然快手也有动态展示栏，但没有将"我的动态"与评论、转发这两个功能合二为一。因此，在快手很难形成头部效应，这也是品牌主放弃在快手进行宣传的原因。

4. 快手带货

从电商角度看，抖音比较谨慎，快手比较开放。在抖音上做生意不太容易，经常会被同行连累。之前在抖音上卖梭子蟹的商家被央视曝光以后，整个抖音的蟹类产品被全面禁售，连大闸蟹都受到牵连。慕斯牙粉类的产品出现状况后，导致洁牙慕斯产品也被禁售，连带整个慕斯类产品都无法销售，这是抖音商业环境的特点。

快手今天之所以有这么高的成交额，是因为其在发展初期对于电商的干预不重。

截至 2019 年 10 月，抖音和快手两家公司所有与电商相关的运营人员加在一起不超过 50 个人，这是两大平台对于电商的态度。因为一家以直播业务为主，一家以广告业务为主，电商业务并非其主要营收来源。

5. 抖音种草

相比快手，抖音的运作模式没有那么简单粗暴，反而是采取了一种软性营销的方式，通过情景、故事和体验等把产品特点表现出来，这种软性营销方式就被称为种草。

在通过抖音进行种草的时候，一些细节方面是需要注意的。

首先，需要尽量了解同行的真实销量，因为往往会出现这样的情况，抖音某一作品的播放量高达几千万，但带货数据却极其可怜。

其次，抖音种草需要保持真实的态度，无论是短视频还是直播，千万不可表现得虚伪，因为用户非常清楚主播的意图，完全没有必要闪烁其词。

最后，抖音种草展示的商品一定要有明确的报价，因为价格是大多数用户关注的重点，笔者通过多项数据对比总结得出，缺乏明确报价的种草视频，后台购物车的点击率至少减少 30%。

除短视频种草之外，直播是抖音平台另外一个主要的种草渠道。但在这种种草方式中，主播也容易产生一些错误的种草思维。例如，某些主播比较矜持，过于看重创作者的身份，误认为太过直白的推销会令自己沾染铜臭味，所以在直播过程中种草意图表达不清，在直播间展示了商品也不报价；或商品展示过于隐晦，让人摸不着头脑。这些表现容易让粉丝感到迷惑，从而大幅降低种草效果。在自媒体时代全民皆商，用户不会因为带货而看轻主播。

目前，抖音平台中种草效果最显著的群体是大型垂直类目账号，因为垂直度高、粉丝量大，这类账号种草的效果十分突出。但抖音主播在选择垂直领域时一定要慎重，别盲目进入自己不适合或不擅长的领域，要选择一个适合自己，并可以进行长远规划的垂直领域。

未来，中国市场必然会诞生出许多本土品牌，这些品牌的发展需要更多垂直领域 KOL 进行能量加持，抖音种草将有美好的发展前景。

2.2.3 短视频与直播的区别与选择

前面笔者讲到在快手、抖音等大型短视频平台中，账号成长不仅要靠优质短视频内容的输出，后期更要靠直播，那么，短视频和直播有哪些不同点呢？如图 2-5 所示，短视频与直播主要有 4 个不同点。

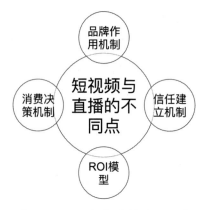

图 2-5 短视频与直播的不同点

1. 不同的消费决策机制

用户通过直播买东西属于冲动型消费。笔者经常会在快手的直播间购买 49 元钱 6 公斤的羊绒被。从理智上讲，笔者当然知道这一产品品质可能不达标，但最后还是控制不住自己。

因为主播在直播过程中会采用一种营销技巧——逼单,从2000单到1万单,再到追加2000单,让用户感觉机不可失,错过这一机会就是一种损失。

短视频则不同,用户在刷抖音时特别理性,短视频内容塑造的购物场景和消费冲动没有办法彻底击穿用户的钱包。在抖音中,用户看到一款心动的商品时,第一反应往往是去淘宝比价,因此,在抖音上销售效果最好的还是一些新奇特的产品。例如,如果卖的是大众熟知的上好佳薯片,则用户可以轻松地进行比价。除非价格方面很有优势,否则销售情况不会太好。

除了新奇特的产品外,抖音上更适合销售具有创新精神的大牌新品。在推广新品的过程中,品牌方也可以接受更高的折扣。抖音是发现型电商平台,并不是所有产品都适合这一平台,但它很容易变为网红爆款产品的根据地。

相对抖音而言,快手简单粗暴,是基于卖货去库存的方式进行运营的。抖音和快手是两个完全不一样的生态环境,两个平台卖货商人的思维方式也迥然相反。了解了抖音的机制之后,笔者就可以解释清楚为何快手的大V主播很少愿意发短视频了。因为不做品牌宣传的话没有必要发短视频,短视频最大的价值在于沉淀长尾用户,这一点在快手之上完全不需要,直接通过直播卖货就可以达到更好的效果。

如今,直播间有一个非常大的缺憾——直播逼单策略,这一策略虽然带货效率高,但同时退单率也非常高。因为用户属于冲动消费,冷静之后自然有可能选择退单,最后被伤害的还是商家。

直播间的另外一个缺憾是店铺级的复购并不多。因为在直播间用户的决策时间太短,很少有时间去认真浏览这家店铺。

2. 不同的信任建立机制

因为内容制作形式、篇幅以及对时间、空间的利用感不同，所以短视频和直播的信任建立机制也不相同。在直播间一个 KOL 如果希望获得用户的认可，首先需要达成的标准是勤奋，最大化的勤奋。所以，李佳琦在 365 天中会直播 300 多场，即便为头部当红大 V，同样担心一旦停止直播，用户就会离他而去。

但是在短视频领域，相比勤奋更重要的是输出稳定、有识别度的人设。例如，"牛肉哥"从 2019 年的下半年开始每次拍视频都会戴一个帽子，戴帽子是为了增加识别度。

3. 不同的 ROI 模型

短视频和直播的 ROI 模型不一样。在直播间追求的是在最短时间内带出最多产品，时间和空间的利用率极高；而短视频适合内容做沉淀，所以品牌主喜欢发短视频，短视频可以传播和分享，具有非常强的长尾效应。

今天在短视频展示的产品只要还在购物车中，那么一个月之后依然会产生订单，这是直播不可能达到的长期效果。

下面，笔者再分享几点与直播达人合作常见的策略。

（1）高佣金。在直播过程中，大部分的主播会选择在桌上摆很多产品，平均每个产品的展示时间只有几分钟，在这样的场景下主播不得不快速作出判断，因为他的状态不可能每时每刻都非常好，所以主播一定会有所选择地去推荐重点产品。

例如，李佳琦一场直播可能要推广 50 个产品，每个产品只有几分钟推广时间，他的精力分配完全取决于产品的相对佣金率。大多数主播不会花费大量时间去详细对比推广产品的绝对利益有多少，但会从佣金高低去判定一款产品的推广比重。

假如，某件商品单价只是9.9元，但是佣金高达40%，那么主播也会在这款产品上面花费大部分精力去推广。如果产品是低佣产品，客单价还很贵，则主播满脑子想的都是拒绝。

（2）小，规格要小。产品佣金高，则意味着企业或商家的毛利率低。更多企业或商家希望通过直播带货获得新客户的留存与复购。在损失大部分利润的情况下要确保亏损最小化，把产品的规格做小是最简单的办法，规格小相应损失就会降低。

（3）松，尽量不要和主播形成绑定合作关系。因为市场竞争非常残酷，一般商家会全力支持主播，但往往主播不止和一个商家合作。如果和主播形成绑定合作关系，那么对商家的长期发展不利。

除了与直播达人合作之外，常用的推广方式还有短视频的付费投放，而短视频付费投放有以下3个黄金系数。

（1）单笔订单毛利。

（2）点击通过率。千次播放购物车的点击率。

（3）点击支付转化率。DOU+本质上是一种投放型产品，而不是抖音官方描述的让用户作品进入下一个流量池的普惠式工具。2019年7月，珀莱雅DOU+的投放费用为3000万元，每天投放100万元，巅峰时期更达到每天投放200万元，这种方式帮珀莱雅完成了单月过亿元的销售额，如此投放的核心是基于其产品毛利率高于60%～70%的基础。

2.2.4 企业与品牌如何对号入局

任何时代主流自媒体平台都被视为优质的电商市场。那么，我们应该如何让企业和品牌在适合的平台对号入局呢？如图2-6所示，要从以下几个方面进行分析。

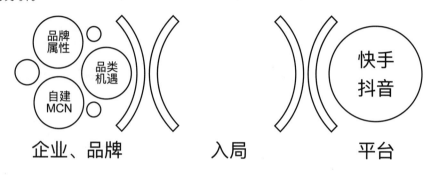

图2-6 企业和品牌的入局要素

1. 品牌属性

渠道品牌最需要解决的是效率问题。效率问题最关键的要素是复购。解决复购要依靠品牌力和信任背书，所以抖音短视频适合解决效率问题。对于单一产品的品牌力，短视频和直播缺一不可，但其首先需要占领细分类目中用户的心智，所以品牌运营者的精力应主要放在短视频上，直播只是在销售额层面的补量而已。

品牌早期最重要的不是销售额，是声量。只有足够的声量才能整合足够多的资源，从而进入下一阶段。

另外，还有一类商家品牌知名度不高，但产品质量好，供应链强，这一群体更适合做直播，尤其适合在快手做直播。

2. 品类机遇

任何领域出现的发展机遇都与平台的特点和内部运营机制相关，对于短视频直播赛道的分析大家可以从以下几点入手了解。

（1）赛道的宽度。赛道的宽度指的是市场规模，市场规模的大小决定着企业和商家的发展规模，规模小则发展受限，用户的需求决定着一切。

（2）赛道的拥挤度。赛道的拥挤度指的是品牌的集中度。例如，乳制品行业品牌集中度过高，小型企业在这一领域成长机会有限，通常很难做大。

酸奶行业细分品类可能有机会，但低温酸奶也不是最好选择，最好选择常温酸奶，因为低温酸奶对冷链物流的依赖非常严重。

而啤酒行业为什么没有人新进入？因为没有人愿意与青岛啤酒竞争。啤酒行业品牌集中度特别高，不适合小型创业公司。

（3）赛道的长度。赛道的长度指的是在品类确定后通过互联网、社交新媒体可以走多远。走多远取决于产品毛利率和客单价。

3. 企业自建 MCN 的三大底层动机

如果企业不具备生产内容的能力，那么在未来的商业道路上则很难长久健康发展。因为流量成本会越来越高，尤其是精准的流量会越来越贵，企业的流量不是越多越好，反而要追求精准流量。

由此可见，在这个时代，企业最好是自建 MCN。自建 MCN 会为企业带来以下三种优势。

（1）提高企业自身竞争力，形成自我闭环。

（2）优化资产结构。大部分企业拥有的核心资产是商品资产，不具备流量资产。

（3）激发品牌的活力。中国的很多品牌老化非常严重，2019 年 4 月 "牛肉哥"和南方黑芝麻糊一起孵化了全新的 IP "五谷杂粮"，4 个月之后，其粉丝突破百万，非常巧妙地实现了 "80 后"耳熟能详的国民品牌的年轻化发展。

2.3 网红品牌的 4 个关键：供应链、内容、分发、成交

既然打造网红品牌是大家在自媒体时代发展的不二选择，那么企业、商家就要确保自己打造的网红品牌在各方面都符合相应主流平台的需求。什么样的网红品牌才称得上成功呢？主要从供应链、内容、分发、成交 4 个方面来衡量。

2.3.1 供应链赋能

企业未来的竞争，都是供应链与供应链之间的竞争。在短视频直播时代，网红主播、MCN 机构以及想进入短视频直播带货行业的企业与个人，要想在市场竞争中获得一席之地，供应链是关键。

我们这里说的供应链能力，一方面指企业和商家在产品生产、采购、库存、物流等方面的供应链能力，另一方面也指内容输出的供应链能力。

产品从采购到物流的供应链能力，这个很好理解，企业和商家如果不能保证产品的正常库存、正常发货，那消费者是不愿意去购买的。在短视频直播领

域这样的事情很常见,有的企业和商家供应链能力很弱,即使找了主播带货,但发货的时候却总出问题,要么是缺货,要么物流太慢,对于这样的企业和商家,主播们是不愿意与之合作的。

内容的供应链能力值得说下,它是指企业和商家持续输出有价值内容的能力,包括短视频内容的输出、直播内容的输出等。这些内容输出不是单独存在的,而是要互相融合,形成如产品供应链一样互相赋能的闭环。内容供应链与产品供应链是相互依赖、相互赋能的。

在内容输出重于产品本身的新消费时代,产品本身的品质已经是标配,而内容输出能力才是企业争夺的焦点。例如,钟薛高、三顿半这类产品,因为其不断输出内容,拥有强大的内容供应链能力,产品具备了网红特点,所以能在自媒体平台上获得大量免费流量。

再比如,2018年"双11"期间,"牛肉哥"就创造了一次红酒销售奇迹,这次活动成功的原因主要分为两个方面:一是"牛肉哥"为用户塑造了非常好的品牌梦想,即"让中国人喝西班牙酒比西班牙人喝西班牙酒还便宜一分钱;二是利用了强大的产品供应链能力降低了产品的价格。

所以说,企业和商家要想获得市场竞争力,网红品牌要想在短时间内成长为市场潮流产品,就必须在供应链上下功夫。没有强大的产品供应链能力和内容输出供应链能力,想在市场上立足是很难的。

2.3.2 内容的创作与输出

既然内容对短视频直播带货的影响如此之大,那么企业和商家在营销的过程中就要特别注意内容的创作与输出。

网红品牌之所以能成为网红品牌，就是因为它有足够的话题能力，能够产生传播性强的内容，具备病毒式传播和瞬间引爆的特质。这些都和内容的创作与输出息息相关，而内容的创作离不开创作者自身的属性。

可以说，在内容输出方面，网红品牌一方面融合了 KOL 的人设和属性，同时又改造了 KOL 的人设和属性。如此一来，网红品牌又为 KOL 解决了带货转化的难题。网红品牌的内容供应链能力对 KOL 的影响，如图 2-7 所示。

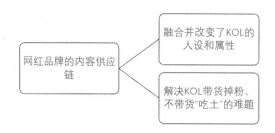

图 2-7　网红品牌的内容供应链能力对 KOL 的影响

如何理解这个关系呢？

很多自媒体平台的 KOL 拥有持续的内容创作和产出能力，但是他们在内容产生之初，并没有明确的产品目标，即内容的输出并没有瞄准特定的产品去输出，而是结合自己的专长和兴趣输出内容。当网红品牌邀请了这些 KOL 后，KOL 可以根据网红品牌的产品特性去输出有针对性的内容，这些内容一方面带着 KOL 自身的特性，另一方面又融合了网红品牌的特性。与 KOL 单纯输出自己感兴趣的内容相比，此时的内容既与之前 KOL 的人设和属性有联系，但又有区别。所以说网红品牌既融合了 KOL，又改变了 KOL 的人设和属性。

当然，这个整合 KOL 的过程，顺带就解决了 KOL 带货掉粉、不带货没收入的难题。KOL 如果单纯输出自己感兴趣的内容，无法带货转化变现。而如果 KOL 不输出内容，只单纯带货，又会让粉丝觉得了然无趣，愤然离开。而对 KOL 来说，寻找货品，自建产品供应链，那简直太难了。

现在，网红品牌的供应链能力解决了这个难题。一方面，它们解决了 KOL 带货时产品的供应链难题，KOL 不再需要自己去寻找合适的货品，只需要输出内容即可。另一方面，KOL 又为各种产品创造了强大的内容，这些内容带着 KOL 的人设和属性，能够无形当中说服粉丝们购买。KOL 在输出内容的同时带货变现，既维护了粉丝，又保障了自己的收益，两全其美。

以抖音大 V "麻辣德子" 为例，这位大 V 抖音粉丝高达 3000 多万。但 "麻辣德子" 发展前期并没有进行过种草带货，直到账号成型后，输出内容才开始与产品结合。"麻辣德子" 第一次直播带货时，评论区开始出现各种逆向评论，比如 "你变了，你居然卖货了" "你快回来，我的德子"。

虽然 "麻辣德子" 的带货行为没有任何过错，因为他要维持内容输出能力，就必须有经济保障，但这依然被粉丝诟病，这就是很多 KOL 的现状。所以，有了强大的供应链与输出内容的能力，这一问题就能迎刃而解。"麻辣德子" 可以在输出内容时，带一些粉丝们需要的网红产品，而不是生硬带货。而网红产品也需要 "麻辣德子" 这样的 KOL 来帮助它们产出内容。

2.3.3 分发

分发是打造网红品牌的关键因素，如图 2-8 所示，分发法则主要表现在 3 个方面。

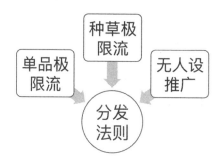

图 2-8　网红品牌的分发法则

1. 单品极限流

所谓单品极限流，是指所有的流量和供应链能力都集中在某个单品上，内容的输出和传播都密集且持续地围绕这个单品展开，让这个单品在极短时间内成为爆品。

单品极限流的配套打法包括 6 个要素，如图 2-9 所示。

图 2-9　单品极限流的配套打法

先设定爆款，然后实施供应链内容化，高频分发，通过多个短视频的"连续剧"

式饱和发布，让事件整体升温，在这一过程中可寻找一些社会热点，然后与之相结合，并投入全部资源进而把握住最佳时机。

例如，消费者在"双 11"期间消费欲望极高，这是一种正常的消费心理，品牌把握住这一时间段就把握住了关键的成长期。

比如燕窝这类产品在抖音上的发展空间十分有限，首先，因为这类产品属于功效性产品，涉及真伪，抖音管控很严；其次，此类产品客单价很高；最后，这类产品也极其难推广，且毛利较低。正常情况下，此类产品的 ROI 只能做到 1:1，但是在"双 11"期间却可以达到 1:18。所以说如果没有充分利用好大促的时间节点，整个企业的发展则会遇到非常大的瓶颈。

2. 种草极限流

所谓种草极限流，是指围绕某个品牌的各类单品进行集中种草营销，当以大量的内容和流量对某个品牌的各类单品进行短视频直播输出时，消费者对该品牌的认知度和接受度就会大幅提升，从而对该品牌各个品类的产品都能顺其自然地接受。

种草极限流的特点是多点投放，尤其是在美妆、服装等以品牌驱动产品的领域中，这种推广被称为"地雷战"。

当用户来到一片区域时，会引爆各种隐藏的"地雷"，会不断有各种视频内容向用户进行产品推广，而且推广的产品全部属于同一品牌，这时用户则有可能产生品牌价值的认同感。

例如，珀莱雅泡泡面膜的推广就属于典型的"地雷战"，平台大 V 进行种草，中腰部网红跟进带货，KOC 紧随其后，导致平台用户会认为这一产品属于当下的爆款产品。

以下是种草极限流的 4 个关键要素。

（1）在可能的情况下，尽量依靠主流品牌，老品牌下的新产品成功率会更惊人。因为新品牌只靠产品力很难做出来，需要全方位投放广告。

（2）类目匹配。品牌找的 KOL 一定要与产品类目匹配。美妆类产品找美妆达人，千万不要去找生活时尚或旅游达人，效果一定很差。

（3）人群认同。性价比不是人人都爱，核心还是用户画像是否匹配产品。

（4）成交利益点。很多网红都会提出一个相同要求——定向优惠券。定向优惠券是一种宠粉方式。粉丝从主播的直播间、短视频中获取专属优惠券，同样一款产品正常情况下可比其他渠道便宜 10 元钱左右。没有定向优惠，无论是大 V 还是网红都无法确保自己与粉丝之间的亲近感和信赖感。

3. 无人设推广

无人设推广即镜像思维的魔力与 KOC 大军的博弈。很多人都在讨论，在抖音上如何实现无人设推广带货，不出现人脸只出现货。2019 年，有人通过这种方式获得了成功，但这种方式在 2020 年快速失效了。原因一是购物车改版，原因二是抖音官方并不推崇此类带货方式。官方希望种草是由人来完成，不是机械化量产，而且平台非常抵触淘客的工业化行为。

无人设推广不等于无人推广，不出现脸不代表没有人设。其实声音也是人设的一部分，核心点不要着眼于有没有出现人脸，要注重粉丝的感受。例如，有些主播出镜也无法树立人设，因为人设需要有连贯性。

当下，无人设推广有以下 3 种思维方式。

（1）心智思维。用户要不要买？有没有需求？这在本质上属于卖点提炼，一条视频如果连卖点提炼都做不好，那这条视频没有任何意义。

（2）移情思维。一个高智商的领导和优秀的 KOL 通常具有极高的同理心，同理心的心理学名词正是移情思维。

具备同理心的人容易取得消费者和粉丝的信任，从而提供信任状。需要注意的是，有信任状不代表一定可以成交。因为粉丝对主播的信任并不能决定其消费的抉择，这是完全不同的两件事。

（3）镜像思维。镜像思维的表现方式是响应。大众生活中经常会出现这样的场景：几个朋友一起聚会，其中一个人通过幽默的语言，引起大家的注意与好感，那么我们在参加其他聚会时，就会将这种幽默的语言传达给另外一个群体，这种潜意识的模仿也属于消费。

当主播能够引发消费者产生购买冲动时，本质上也将引发更多人的下单行为。

2.3.4 内容创作与成交

内容的主体分为两大要素，趣味性和场景化。场景化指的是让用户有代入感，这样成交率才会有所提升。趣味性是指兴趣点，但有趣和成交量之间没有必然的联系，甚至有时趣味性越高成交量反而越低。

话题商业化能力的衡量标准是相关度，短视频的内容跟受众的关系越紧密越利于成交，与发起人的关系越紧密越不利于成交。

2.4 如何"把水煮沸":从零开始打造网红品牌

无论我们选择怎样的网红品牌打造方式,都是在进行着"把水煮沸"的过程,只不过当大家了解了其中的技巧之后,哪怕壶里放的是一块冰,也可以迅速令其沸腾。

2.4.1 选品分析

任何网红品牌成长的载体都是产品,而选择适合的产品往往可以加快品牌爆红的速度。以下笔者就来讲解一下如何选品。

(1)产品要有比较高的行业认知密度,即易内容化、场景化和符号化。

(2)精神属性越高,越有机会成为大单品。

(3)供应链要有相对大的价格跨度。

(4)充分利用低价效应,钩子产品一定要足够便宜,不然会造成流量浪费。

2.4.2 人设分析

KOL 的能力构成可分为 4 个部分：自信力、表现力、成就力和学习力。自信力和表现力比较好理解；成就力指的是 KOL 一定要有野心，要有荣誉感，有自我成就的欲望；学习力是基础能力，作为 KOL 要有知识支撑。

企业和商家要分析 KOL 需要哪些赋能才能达到最终的目的。可赋能方式有以下两种：一是机构背书。比如与黑芝麻糊合作就是很好的机构背书，虽然客观上年轻人已经对黑芝麻糊品牌有所遗忘，但"80 后"对黑芝麻糊依旧记忆犹新，可以产生强大的势能。

二是人设背书。可以在 KOL 身上刻意加入一些能够体现其性格特征的行为。比如大众一般不会排斥勤奋的人，即使大家知道他不聪明，但依然会尊重他。

2.4.3 供应链的内容化

采购的内容化指的是将原产地、原料、制造工艺、原始发货地等元素展现出来。另外，公司的员工也属于供应链的一部分，千万不要羞于展示。

生产的内容化主要指将产品的生产过程展示出来。物流的内容化是大家最容易忽略的内容，这一点在快手上有很多人获得了成功。

快手上有一位卖鞋的商家，他的视频内容特别单一，只拍发货视频。这位商家在东莞，每天的发货量都很惊人，粉丝认为这位商家的视频内容非常真实，连续看 10 条这样的视频后可产生两种效果：第一种效果是震撼；第二种效果是产生疑问并去他的直播间一探究竟，看他为什么能卖这么多货。

2.5 从0到1打造你的网红带货方案

任何商业领域的发展,第一步的迈进都非常重要,网红带货自然也一样,如果主播眼中只有利益,忽略基础准备,不思考最佳策略,盲目进行直播带货,不仅效果不佳,还会对自身未来的发展带来巨大隐患。

2.5.1 最简可行化分析(MVP)

现代网红带货的方式看起来有诸多相似之处,但效果却天差地别。主要原因在于对细节的把控与带货前的具体准备。正常情况下,带货前都需要进行最简可行化分析。

最简可行化的定义最早出现在《哈佛商业评论》中,由埃里克·莱斯提出,具体是指用最低成本尽可能展现核心概念的产品策略。

首先,带货团队需要用最快、最简便的方式在用户面前树立一个产品原型的概念,这个概念需要表达出产品最终可能达到的效果,然后通过不断完善来填充细节，最终将产品以用户最青睐的形象展示在用户面前。

例如，如果想卖一款冰淇淋，那么带货团队需要以最快的速度设计出一款当代流行冰淇淋的外观形象，然后搭配一些主流口味，但需要清楚阐述冰淇淋的真实味道远比用户想象的丰富，这有可能是当代最美味的冰淇淋，这就是产品最初的原型。

之后带货团队需要全网搜索各种相关资源。例如，用户还喜欢哪些冰淇淋造型，哪些口味可以相互结合，口感上又可以有哪些创新，等等。

有了这些相关资源后，团队便可以对冰淇淋进行全面升级。这样不仅可以满足用户的全方位需求，还可以针对不同地域的用户给出不同的购物引导。

综上所述，最简可行化分析是一个"开发—资源搜集—升级—产品迭代"的过程，是踏上带货之路的第一步。

2.5.2 路径

短视频直播带货的方式多种多样，但路径相似，无论大家采用哪种方式，各大平台上主流的路径都不可忽视。

如图 2-10 所示，无论是在哪个平台，带货都必须与 3 个元素相结合，这 3 个元素可以被视为带货的主要路径。

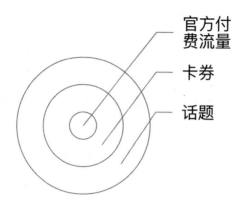

图 2-10 网红带货的 3 个元素

1. 官方付费流量

以抖音为例，抖音的官方付费流量叫作"DOU+"，很多抖音大 V 的带货都是从"DOU+"投放开始的。

抖音上企业账号可以注册升级为蓝 V 账号，而蓝 V 账号可以开通 POI 权限，抖音蓝 V 账号开通 POI 功能之后，可以将门店信息的视频发布到抖音之上进行详细定位推广，有了 POI 与"DOU+"的结合，企业、商家就可以在线上用户面前准确曝光自己的线下店铺。

在"DOU+"的加持下，企业、商家门店的曝光率可以获得大幅度提升，且不受门店位置的限制。只要视频没问题，就可以营造出"酒香不怕巷子深"的效果。

2. 卡券

卡券的最终目的是形成消费闭环。无论是抖音 POI+ 卡券的品牌宣传路径，还是快手的卡券 + 私域流量的消费路径，都可以让消费形成闭环。

尤其是对于一些线下优势突出的商家，卡券就是打通线上带货路径的通行证。这样不仅可以达到品牌推广的目的，还可以扩容线下客流量，线上转化率也非常直观。

3. 话题

利用话题打通带货路径也是非常有效的方法。话题不仅可以引流，引爆话题还可以产生粉丝裂变，这种模式不局限于任何平台。目前，其适用于大多数主流自媒体平台，可以说这一途径也是目前最为主流的路径。

2.5.3 平台

如何选择带货平台一直是困扰很多初级自媒体运营者的问题，目前适合新手成长发展的四大平台有抖音、快手、淘宝与腾讯。

之所以选择这四大平台，不仅仅是因为这些平台的流量充足，更因为其拥有非常健全的机制。以抖音为例，抖音中的带货方式多达十几种，诸如接广告、种草、引流、直播等方式，且企业与个人的身份全部不受局限，最重要的是平台的变现方式也非常简单，这种路径短、门槛低、机制全的平台更适合新手生存。

同时，四大平台也在大力推广和扶持短视频直播带货。

以下为目前四大平台的属性介绍。

1. 抖音

抖音是社交属性突出的创意平台，绝大多数网红聚集于此，用户基数大。

2. 快手

快手是短视频社区，便于记录和分享生活，因私域流量属性吸引了无数网红在此直播带货，销售量十分可观。

3. 淘宝

淘宝是消费类直播平台，商业属性最为突出，用户意图最为清晰，但也是目前竞争最为激烈且运营难度最大的电商直播平台。

4. 腾讯

腾讯是一个新兴的综合视频平台，因为拥有庞大的用户基数，也属于非常优质的自媒体平台。

2.5.4 产品

很多短视频直播新手存在这样的误区，平台上什么产品火就推广什么产品，毕竟这些已经被大咖推火的产品更容易被粉丝认可。

但大家有没有思考过这样一个问题：相同的产品，粉丝为什么要在我们的商品橱窗购买呢？直接去大咖的直播间不是更稳妥？

笔者经过详细的统计发现，适合短视频直播新手带货的产品主要有以下几种。

1. 黑科技产品

黑科技产品是一种潮流引导，其包含了新奇特的属性，这样的产品给人视觉的冲击力非常强。

2. 网红同款

网红本身就是流量基地，有了"网红同款"的属性，粉丝的购物欲望将远远超出大家的想象。

另外，网红同款并非局限在人身上，宠物亦可，笔者就曾见过一位爱宠主播定制的"网红二哈抱枕"被粉丝疯抢。

3. 大品牌下的新品

新品代表着创新与潮流，但只有大品牌、老品牌的支撑，产品才会被消费者信赖，大品牌下的新品也非常适合短视频直播新手带货。

2.5.5 团队

无论我们是个人还是企业，进入短视频直播赛道之后就必须要配备自己的运营团队。或许有些朋友会说：我作为一名个人网红，自身就是流量来源，而且从最初到现在也全部是靠一人来运营，我为什么要配备团队？

原因非常简单，因为个人能力和精力有限，发展必然会遇到瓶颈。即便此刻个人精力还可以确保账号正常运营，那么发展速度呢？试想自己的竞争对手都已经配备了团队，自己的劣势是否就太过明显了呢？

网红带货团队的作用有以下3个方面。

1. 招商宣传

大家都知道在自媒体时代，无论是什么平台都是"内容为王"，而内容不仅仅是主播自身，更是产品。因此，优质的产品才能确保账号健康发展。

而仅仅靠个人的力量，很难完成招商宣传，自然也无法和一些高性价比的大品牌进行深度合作，后果则是直播带货的优势不够明显。而这一问题可以通过成熟的团队来解决，不仅可以节省个人的精力，更能够提升账号的品质。

2. 直播维护

对于短视频直播新手而言，直播过程中的各种状况决定着直播的品质。因此，在主播直播的同时需要有团队的支撑，及时地暖场、互动、维持秩序，如此才能够确保直播效果。

3. 保护主播

除了维护直播过程之外，团队还有一个重要的作用就是对主播的保护。罗永浩曾在一次直播过程中,推广一款红酒,在与粉丝互动的过程中遭竞争对手恶意挖坑,其试图引诱罗永浩直播喝酒,还好有专业团队及时提醒,才确保罗永浩没有踩到直播红线。笔者在前面也曾讲过,违规无论是对于新手还是大V来说都是非常大的损失。

第 3 章

抖音运营、带货实操

抖音作为当下用户基数庞大的自媒体平台，是企业、商家非常重视的黄金短视频直播赛道。但想要从抖音平台脱颖而出，需要面对巨大的竞争。因此在进入这一赛道之前，大家必须详细了解这一平台的运营、带货实操技巧。

3.1 带货前的账号准备：抖音运营前期准备

抖音是当下最受欢迎的流量平台之一，尤其适合电商、达人带货。然而，真正在抖音获得成功的品牌或个人却少之又少。之所以出现这种情况，是因为我们没有完全了解抖音的运营机制。

3.1.1 认知准备：全面认识抖音

知己知彼，百战不殆。在运营抖音之前，首先要对这一平台有足够清晰的了解。图 3-1 是我们需要了解的抖音的 3 个规则。

图 3-1 抖音的 3 个规则

1. 平台定位

抖音最初的定位是潮人短视频音乐社区,当时的口号是"让崇拜从这里开始",用户主要以学生为主,"95 后""00 后"是抖音平台的第一波种子用户。早期抖音用户呈现出学历高、年轻化的特点。

随着用户圈层的不断扩大,其他人群进入抖音平台,抖音的定位也开始转变,其口号变为"记录美好生活",内容也越来越丰富,用户覆盖面不断扩大,年龄层扩大到 18 ~ 45 岁,主要用户集中在一二线城市。

对于内容呈现,抖音采用了推荐机制进行推送。平台根据算法筛选出用户喜欢的内容,针对用户的喜好持续推送相同类型的短视频。这种内容呈现方式让推送内容的质量成为关键,用户关心的并不是内容背后的发布者,而是视频本身是否有趣、有用。这一机制一直伴随着抖音的成长没有改变。所以在抖音平台,内容的质量始终是第一位的,能够源源不断地输出爆款内容,粉丝的数量就会呈现爆炸式增长。

2. 推荐机制

在平台进行推荐之前，上传至抖音平台的作品，首先要接受平台的审核，如图 3-2 所示。

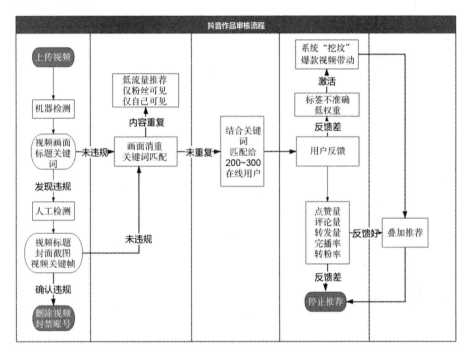

图 3-2　抖音作品审核流程

账号运营者上传视频后，抖音后台会对视频进行审核，重点检测视频画面内容与标题关键词是否有违规，以及进行视频画面查重。画面查重，指的是检测上传的内容是否存在抄袭、搬运他人作品的现象，是否为原创内容。如果发现违规，平台会对作品进行限流，只有自己或部分粉丝才能看到该条视频。如果违规严重，则会对账户进行封禁处理。

视频内容通过审核之后，系统会对标题的关键词、视频的关键帧进行识别，智能大数据会根据识别结果将这条视频打上合适的标签，再智能匹配 0～500 的第一轮初级流量；如果第一轮传播的反馈数据良好，系统会将作品推荐到更大的流量池当中，继续监测数据反馈，周而复始，让该视频的流量呈现不断递增的效果。视频每进入下一个阶段的流量池，都会进行一次人工审核，审核的标准越来越严格，因为平台要确保大规模传播的作品合规合法且内容优质。这就是为什么很多视频初期数据量上升非常顺畅，但流量却在某个时间点戛然而止，无法形成持续性传播的原因。

抖音平台会根据哪些反馈指标，作为视频是否可以进一步传播的依据？我们需要关注以下几个关键指标，在后文中会有详细介绍。

（1）完播率。

（2）转发量。

（3）评论量。

（4）点赞量。

3. 流量规则

抖音流量池分为以下 6 个等级，系统会根据作品数据反馈的不同，将视频逐级推送到不同的流量池。

（1）初级流量池：0～500。

（2）二级流量池：500～1万。

（3）三级流量池：1万～10万。

（4）四级流量池：10万～100万。

（5）五级流量池：100万～1000万。

（6）六级流量池：1000万+。

需要注意的是：作品从初级流量池被推送到二级流量池，并不意味着一定会获得1万的播放量，而是根据视频内容的实时反馈进行流量分配，1万只是一个大致的范围。当作品进入六级流量池，获得超过1000万的流量时，意味着该视频会进入当天的热门视频榜，绝大多数的抖音用户都可以看到该条视频。

3.1.2 账号准备：如何布局账号

了解了平台规则之后，接下来需要进行账号的准备。如何打造一个高品质的抖音账号？如图3-3所示，抖音账号打造需要遵循正确的流程。

图3-3 高质量抖音账号的打造过程

1. 账号设置分为5个维度

账号设置的5个维度，是账号名称、个人简介、账号头像、头图和个人资料。

账号名称要符合自身定位，且易于传播。例如，母婴领域抖音知名账号"浓密秀发小又又"，该账号采用"特点+名字"的组合方式，"小又又"是宝宝的小名，宝宝的头发很少，但却用"浓密秀发"的名字，账号名称具有"反差萌"的特点，"小又又"的妈妈在视频制作时也将这个特点作为"槽点"，因此该账号名称的设置就非常成功。

个人简介的设置，要遵循"清楚表达"的原则，要与自己的人设、定位相结合，通俗易懂，构建易识别、易共鸣的场景。例如，一个母婴类账号的个人简介为"宝妈一枚，分享与宝宝成长的点滴，捕捉他的笑，他的哭，他的糗事，他的温暖"，这样的简介能够直接表达该账号的内容重点，用户可以快速了解该账号的定位，吸粉效果更加明显。

账号头像应尽可能选择本人的真实照片，让用户有亲近感和信任感。如果是企业账号，那么不妨选择 LOGO 或某爆款产品作为头像。

头图是指放在账号主页上方区域的图片，很容易被忽视。头图可以起到诱导关注、站外引流、背景交代的作用。在设计头图的时候要遵循文字简短干练、有辨识度、传递信息3个原则，让用户看到头图后能加深对该账号的了解。

个人资料的填写也应特别注意。创建抖音账号时，一定要把资料填写完整，包括生日、性别、地区、学校以及实名认证等。个人资料精准，账号权重就会更大，有利于平台通过信息匹配将作品推荐给精准用户。

2. 养号流程

在抖音平台进行养号，可让账号本身具有一定活跃度，能够提升账号发布作品时的流量推荐。养号前需要准备一部手机、一张手机卡、一个账号，切记不要频繁切换账号登录。

养号要遵循如下3个原则。

（1）刷视频的完播率。遇到感兴趣的视频，一定要把视频看完。视频没有结束就点赞或划走，会让系统认为该账号并非平台的核心用户。

（2）刷有效的互动量。看到喜欢的视频，应在评论区下留言。如果该账号进行回复应跟进回复，增加账号的互动性。

（3）养号的时间和频次。建议一天3次，这一工作应当持续进行，根据个人时间、精力灵活调整。同时，我们还要做好以下 5 个细节。

① 正常刷视频。

② 关注粉丝多的账号，并对留言进行互动。

③ 观看他人直播，在直播间里和达人进行聊天互动。

④ 如果刷到广告，可以根据自己的兴趣点击链接。

⑤ 在搜索界面搜索热点话题，并在该话题下的热门视频中留言互动。

3.1.3 运营准备：如何让运营更高效

高质量的账号离不开良好的运营。如图 3-4 所示，进行抖音账号的运营，需要做好 3 个方面的工作。

图 3-4　抖音账号运营基础

1. 持续输出

持续输出视频是抖音运营的前提。有些抖音账号点赞较多，但粉丝很少，这是因为大多数点赞都来源于某一条爆款视频，结果造成该账号的粉丝活跃度、影响力有限。这就是抖音运营者没有持续输出能力的体现。

单一的爆款视频可以带来巨大的流量，但是这种灵光一现的作品，多数只是偶然现象，恰好上传至平台而已。

2. 定位清晰

做好定位，才能输出精准的视频作品。抖音账号的定位，可以让账号运营大方向不会出现偏差。例如，服装行业的账号发布关于服装的短视频，红酒行业的账号发布关于红酒的短视频，这是最基本的定位。

运营者应该如何在定位中深挖价值？自己的定位特色是什么？与竞争对手相比，自己在哪方面更具有竞争力？

定位不是凭空想象，而是通过对行业的分析，同时结合自身情况而做出的决定。如图3-5所示，以琼斯老师的账号"琼斯爱生活"为例，我们可以找到账号定位的方法。

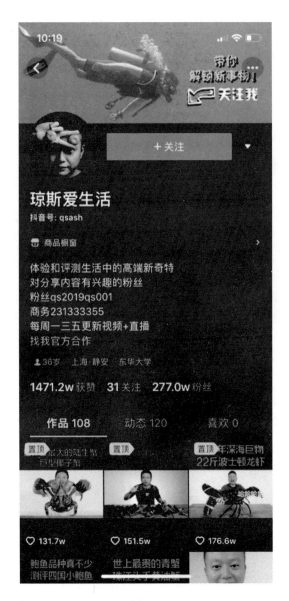

图 3-5 抖音账号——"琼斯爱生活"

琼斯爱生活的定位与抖音运营者的性格高度契合，现实生活中琼斯本身就是一个热爱生活的人，爱美食、爱探险，他的视频内容，也是围绕自己的喜好展开的。

那么，我们的性格特点是什么？爱好是什么？分析清楚这些问题，我们就能找到自己的定位。

3. 输出高质量的内容

高质量的内容是运营的核心，其通常有3个特点：有颜值、有趣味、有价值。

什么叫有颜值？比如帅哥美女、优美风景等，这些内容会给用户带来赏心悦目的感受。

什么叫有趣味？比如搞笑剧情、娱乐段子、萌宠搞怪等，这些内容会让用户产生愉悦的心情。

什么叫有价值？比如穿衣搭配、生活常识、护肤保养等，这些内容可以让用户学习到知识。

3.2 带货前的内容准备：好的内容才是王道

优质账号必然具备优质的内容，"好内容才是王道"，这是流量时代短视频运营的真理。想要做好内容，必须从以下几个角度入手。

3.2.1 行业定位

首先，抖音账号要明确行业定位。

1. 四象限法助力精准定位

图 3-6 为抖音行业定位的四象限法。

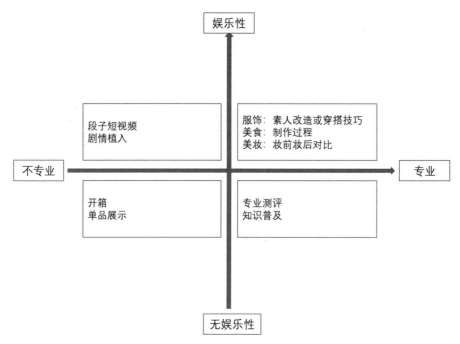

图 3-6 抖音行业定位的四象限法

第一个维度是专业性。

例如，当我们选择进入美食领域时，首先要思考自身是否足够专业，是否对饮食文化或美食制作有足够的了解；进入服装领域时，对面料和穿搭技巧应有足够的了解。进入美妆行业时，要思考自身是否清楚知道市面上所有的口红色号。

第二个维度是娱乐性。如果我们专业性不够，但能够产出具有娱乐性的内容也可以。例如，自身具备搞笑的天赋，就凭借这一优势做段子短视频，通过娱乐性的内容形式吸引粉丝。

如果专业能力和娱乐属性都有一定欠缺，那么不妨尝试开箱测评类短视频。

将刚买回来未拆封的商品开箱展示给用户，或者做服装类的卡点换装视频，都可以取得较好的效果。

如果我们足够专业且具有娱乐属性，那么输出的内容领域将会非常广泛。例如，我们非常熟悉化妆品，那么就可以制作教他人化妆技巧的短视频，并结合互联网热门话题，创作出全新的优质内容。

2. 测评类账号定位方法

第一种是开箱测评类账号。在内容上，主播要传播"第一眼看到产品的真实感受"，然后通过夸张的表现形式，使内容充满趣味性，借助当下热门的流行梗把产品的特点表现出来。这类内容相对来说不够专业，但却足够有趣。

第二种是专业性较高、娱乐性不足的账号。这类账号以"老爸测评"为代表。目前，"老爸测评"在抖音上拥有1000多万粉丝，其通常将需要测评的产品送至专业机构去检测，还会对产品的成分进行分析，然后将测评的全过程制作成视频上传到抖音。

这种形式的短视频会让用户感受到测评的专业，认为这样的测评报告是值得信任的。账号会逐渐形成"专业"的人设，这样一来，主播进行带货销售，往往会有较好的口碑，销售态势良好。

3. 美妆类账号定位方法

第一种是展示类账号。通过对比视频中人物妆前和妆后的反差，引发用户的好奇心。例如，抖音曾有一则老奶奶化完妆后变身御姐的短视频，前后反差非常大，多数用户看到后都积极点赞、转发，使其成为爆款短视频。

第二种是化妆品测评账号。这类账号的短视频主要通过口播形式进行产品讲解，拍摄要求不高，但需要有镜头感的人物出镜。

第三种是剧情植入类账号。在这类账号的视频内容中，产品展露时间一般不超过4秒,但是会成为剧情的组成部分,给人留下深刻的印象。例如,宴会前的补妆剧情,化妆品是场景的必然构成。

4. 美食类账号定位方法

第一种是原产地直拍。目前,抖音平台中这类账号正在呈现快速增加的趋势。这类账号的短视频内容多数是果农将种水果或摘水果的过程拍摄并进行制作。这类视频的内容充满真实感,消除了用户买东西时对产品质量的顾虑,有利于后期销售。

第二种是影视化制作,典型的代表就是李子柒。李子柒的作品普遍是长视频,因为几十秒的时间无法将内容的精致展现出来,很多美食类账号也受此影响,视频拍摄更加精致,场景不再是厨房,而是山清水秀的外景。田园的环境,包括流水、宠物、虫鸣等,这是无数人向往的生活场景,因此在抖音上很受欢迎。

第三种是将美食的制作过程进行拍摄并剪辑。拥有3000多万粉丝的"麻辣德子"就是这种风格的典型,他的场景非常朴实,烹饪出的美食看起来非常有食欲,同时配有美食制作的方法,既实用又有趣,非常受欢迎。

第四种是美食与其他领域的结合。例如,"美食+健身"类账号可以输出美食健身餐类视频,主打美食食谱分享。

第五种是美食探店,以抖音知名账号"浪胃仙"为代表。主播是一位美食达人,带着粉丝去品尝各类美食。与其他主播狼吞虎咽不同,"浪胃仙"慢条斯理地品味美食,这种形式和其他主播形成差异,所以定位更加独特,更受品牌欢迎。"浪胃仙"经常和很多明星合作出境,变现能力极强。

5. 服装类账号定位方法

第一种是街拍走位。街拍账号的视频内容多数为高颜值小姐姐的穿搭,小姐姐做撩头发、回眸一笑等动作,身材和颜值是打动用户的关键。

第二种是技术流换装。制作出卡点音乐节奏，在每个音乐的节点，换不同的服装。

第三种是才艺展示。这类账号通常采用边跳舞边切换服装的方式为用户展示和推广服装单品。

第四种是 Vlog。Vlog 的形式各种各样，服装店的老板可以用 Vlog 记录自己卖服装创业的过程，也可以和用户讲述创业路上的艰辛，让粉丝对主播产生信任，促成销售转化。

第五种是剧情植入。这种短视频需要将服装植入剧情中，然后去推广带货。

第六种是素人改造。主人公最初的造型属于"路人"类型，通过改造呈现时尚的特点，人物形象前后的反差衬托服装搭配的重要性。

第七种是穿搭技巧，这类视频主要通过教别人穿搭技巧来吸引流量。穿搭技巧的短视频讲究场景，比如面试怎么穿、约会怎么穿、旅游怎么穿，从而进行穿搭技巧的分享。

通过这几个行业的例子，我们可以结合自身特点，从专业性和娱乐性两个维度给账号进行定位。定位精准，运营才容易找到方向。

3.2.2 内容定位

进行行业定位后，接下来需要进行内容的打造。内容同样也需要进行定位，如图 3-7 所示。

图 3-7 抖音账号内容定位

1. 人格塑造

所谓人格塑造，是指选择适合短视频内容的人，这就涉及到选人。选人的标准有以下 4 个方面。

（1）视觉。看到人物的第一感觉是什么，其颜值属于哪一类型，有哪些令人印象深刻的特点。这些因素综合起来，决定了其能否给用户留下深刻的印象。

（2）听觉。人物有没有语言天赋，有没有方言或口头禅，英语功底如何，这些都是语言天赋的范畴。如果可以在短视频内展现十几种外语，那么就会对用户产生强烈的听觉刺激。

（3）技能。即特殊的职业或才艺。

（4）表达。人物在面对镜头时能否自然表达，眼神是否脱离镜头，这些都直接体现了其表达能力的高低。一定要选择有镜头感的人，才能有效传达内容。

2. 场景应用

确定人物之后，要选择短视频场景，一般分为熟悉和陌生两种场景。

学校、办公室、医院、商场等场景，属于用户非常熟悉的场景；而对于山村野外（李子柒）、实验室（老爸评测）、城堡（仙女酵母）、当铺（灵魂当铺）、客房（零号客房）等场景用户相对陌生，这种陌生的场景会激发用户的猎奇心理，令人更愿意去探索。

3. 人物关系

在确定人物和场景之后，还需要确定各人物之间的关系。人物关系一般分为 4 类：亲属关系、工作关系、亲密关系、其他类型关系。

亲属关系包括父子、母女、父女、叔侄等人物关系。拥有 1000 多万粉丝的"末那大叔"父子是亲属关系的典型代表。该账号视频内容的核心是父亲的 Vlog：虽然老爷爷年事已高，但是生活非常精致，日常护肤品使用海蓝之谜、出行穿定制西装，向粉丝直言生活和年龄无关，即使年老也可以有丰富多彩的精致生活。剧情搞笑类网红"祝晓晗"主打父女关系，传播效果非常好。

工作关系包括老板跟员工、上下级、同事之间的关系。抖音账号"晴天见"目前有 400 多万粉丝，内容主打老板和员工之间的搞笑对话。

亲密关系主要为夫妻情侣档。这类内容一直是抖音热门，例如，情侣关系账号"冬冬和 37"目前拥有 1000 多万粉丝，内容为传播夫妻和情侣之间的互动短视频。

其他关系包含萌宠关系和陌生人的社交情感关系。萌宠类视频主要为宠物与人的对话、宠物之间的对话等，很受年轻群体的欢迎。

陌生人之间的社交情感关系主打"人间真情"的概念。代表账号"路边小郎君"，其内容以正能量和真情为主旋律，比如为路边的快递员、外卖小哥、面试的人送温暖，给他们鼓励、为他们加油，让用户相信这个世界真情和温暖常在，具有很强的情感感染力。

3.2.3 选题

进行内容创作前，首先要做好选题。选题在很大程度上决定了视频的质量。

在内容创作过程中，无计划无方向、只凭借感觉去做选题，最终视频效果往往不尽人意。我们必须建立选题库，不断完善和补充，这样才能持续不断地输出好内容。

如图3-8所示，建立选题库有4种方法。

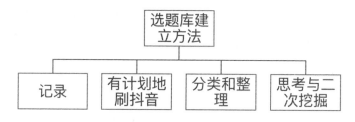

图3-8 抖音内容选题库建立方法

1. 记录

在日常生活和工作中，要随时保持敏锐的感知能力。可以从优美的舞蹈、经典的电影桥段、动人的音乐和段子中寻找灵感。对于有趣有料的内容，要随时记录下来。记录不是单纯的收藏和抄写，而是记录当时的所思所想：为什么这个内容值得记录？素材中哪一点使自己产生了共鸣？一定要养成随时记录的习惯，否则时间一长就很难回忆起来。

2. 有计划地刷抖音

对于抖音上有创意的内容要保存下来，这是获得素材最直接、最有效的方式。我们要关注和自己定位相似的账号，可以从中学习其他创作者的优点。平时刷抖音时，看到一些作品热度或许不高，但制作精良，也要投入精力去学习，借鉴这些视频中的片段并进行重新组合，从而创作出具有新意的作品。

3. 分类和整理

将收集的素材进行分类和整理，加上不同的标签，方便以后检索，提升效率。

4. 思考与二次挖掘

伴随着不断思考，我们的认知和创造能力会同步提升，之前记录的想法和观点，之后再看时会有新的灵感迸发出来。温故而知新，定期梳理，就能够从素材中挖掘出更多有价值的内容。

3.2.4 爆款内容的 5 个要素

想要做出爆款抖音短视频，就要从 5 个要素入手，如图 3-9 所示。

图 3-9 抖音爆款内容的 5 个要素

1. 看点

看点是点燃用户的基础。视频最吸引人的地方是什么？是颜值特别高的小哥哥、小姐姐，还是美妙动人的场景？短视频的前 3 秒内容决定用户是否会看下去，毫无特色的开场很难吸引用户把作品看完。

2. 热点

要结合当下的实时热点去制作内容，如果视频内容缺少用户关心的焦点，就很难让其主动点击。

3. 情绪点

情绪点指的是情感共鸣。有情绪点的短视频，才能让粉丝感同身受，愿意去分享和转发。

4. 槽点

槽点是指值得用户评论的话题，可以是人物形象、造型的特点，也可以是搞笑的语言和动作等，这些行为会让用户产生评论的欲望，引发用户的分享和转发。

5. 爆点

爆点是指持续让粉丝产生转发作品的欲望。例如，王思聪的电竞战队 IG 夺冠，根据这个爆点诞生了吃汉堡的梗，随后众多粉丝跟风，对"吃汉堡梗"进行二次创作，包括漫画创作、视频创作等多种形式，把 IG 夺冠事件从微博的热搜引爆成全网现象级的热点。

3.2.5 爆款内容的 2 个打造方法

打造爆款短视频内容，需要掌握一定的方法。如图 3-10 所示。

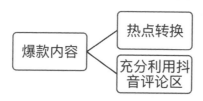

图 3-10 抖音爆款内容的打造方法

1. 热点转换

热点转换是打造爆款内容的重要方式，掌握热点转换的技能有助于内容创作事半功倍。

热点来源于微博、抖音、豆瓣、虎扑、知乎等大平台。尤其微博的热搜、热点话题是抖音运营者每天必须要关注的内容。

抖音平台也有排行榜，分为视频排行榜和热搜排行榜，会每天更新全网的热点。刷抖音时作品下方也会有文字提示，这一话题是当前热点。

豆瓣是文艺青年的聚集地，除了一些偏重文艺的话题外，还有一些爆料和日常讨论的话题，从中也可以找到当下的网络热点。

虎扑是直男的聚集地，内容通常以体育、球鞋、电竞为主，尤其是各种神评论层出不穷，适合激发灵感。

知乎上的热榜同样不可忽视。结合话题和评论去做内容规划，也能够实现内容紧扣热点。

需要注意的是：很多账号只是简单地将热点内容进行重新发布或进行简单的模仿，这种方法很难获得流量。因为平台有查重和同类作品挤压赛马机制，同质化内容会石沉大海。

热点转换的三个有效策略：热梗创新、主体替换和场景叠加。

热梗创新是指以爆火梗为基础进行二次创新。例如，火遍全网的"甩头发换装"由"刀小刀"创造，一夜吸粉300多万。随后全网跟拍模仿，暗黑风、森女系甩头发换装层出不穷。这种热梗"微创新"适合大多数视频运营者，既可以轻松实现热点转换，又容易打造出创新的内容。

主体替换就是把热点当中的主体替换成其他的主体，如图3-11所示。

图 3-11 抖音热点转换作品

这两个作品就是主体替换。主体从原来的人变成小狗，变动的是主体，不变的是热点和表情。在运用主体替换法时，要找到原主体和替换主体的反差点、共情点或槽点，拟人化的动物主体替换是最常见也是最受欢迎的方式。

场景叠加是指在原来的场景上叠加新的场景，从而产生不同的效果。需要注意的是：不要在人们熟悉的场景中玩熟悉的套路，要让故事发生在人们不熟悉的场景下，让场景刺激有趣的事情发生，这样才能产生新的效果。

2. 充分利用抖音评论区

抖音的评论区往往充满各种有创意的评论，借助粉丝的力量就可以达到事半功倍的效果。

例如，美食类主播在发布作品时会在评论区下方留言，让粉丝告诉主播什么地方的餐饮有特点，主播从中挑选新作品的创作方向。这样一来，每个粉丝都是素材来源，可源源不断地提供内容创意。所以，在评论区引导观众留言，是抖音运营者很重要的动作。

3.2.6 内容红线

运营抖音，必须清楚平台内容的违规红线。否则一旦违规，轻则账号被限流，重则会导致封号。

以下是抖音平台的内容红线。

（1）不能涉及国家领导人、公检法军、国家机关、国徽国旗等形象或词语。

（2）不能涉及社会负面事件、敏感事件等。

（3）不能涉及邪教宗教、封建迷信、反动组织等相关元素。

（4）不能涉及违法违规、低俗色情、血腥恐怖等相关元素。

（5）不能出现违反公序良俗、社会价值观等相关元素。

（6）不能出现涉及侵害未成年权益、侮辱诽谤等元素。

（7）不能出现涉及其他法律、法规禁止出现的相关元素。

3.3 带货前的运营准备：有效的策略才能持续涨粉

正式带货前，我们还需要制定更多有效的策略，保证粉丝持续增长，这样才能为带货做好准备。

3.3.1 如何提升影响抖音流量的 4 个指标

影响抖音作品流量最关键的 4 个指标为：完播率、转发量、评论量、点赞量，如图 3-12 所示。

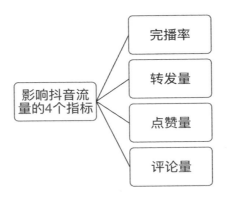

图 3-12　影响抖音流量的 4 个指标

1. 完播率

完播率是指 "视频完整播放的次数／视频的总播放次数"。如果 15 秒的视频上传抖音后有 1000 的播放量，但只有 200 个人看完，那么完播率就是 20%。即使用户坚持看了 14 秒，在最后一秒划走，也会被系统判定用户没有看完。

也许我们会想：自己的视频越短，完播率就会提升。如果视频时长只有 1～2 秒，观众还没来得及反应视频就播放完了，这样平台就会给很多流量了吗？

抖音机制并非这么简单。首先，抖音平台允许上传 1～2 秒的视频，但低于 7 秒会被判定为劣质作品，不会给予流量推荐。从算法机制的角度来看，视频时长越短，用户看完的概率越大，跳出率会越低；但从内容创作的角度来看，视频越短，传达的信息就会越少，内容就容易缺失。所以在制作视频时，要保证短时间内呈现完整的故事，既不拖泥带水也不内容缺失，能 15 秒讲完的事情，绝不拖到 16 秒。

针对抖音而言，时长较短的作品多数为颜值类和才艺类视频，15 秒的时间主要展示主播的颜值和才艺。时长较长的视频则集中于剧情类、生活类、知识分享类等。在运营抖音前要决定内容输出的方向，不能一味追求时间短，忽视视频内容的完整性。

提升作品完播率最有效的方法，就是从视频内容的创作入手，尤其把握"黄金3秒"原则。大数据显示，绝大多数的抖音作品完播率曲线会从第3秒开始直线下滑，所以作品前3秒一定要出现爆点，引导用户继续看下去。如果内容爆点出现较晚，那么一定要对标题进行优化，比如"一定要看到最后！""看完你不笑，我倒立洗头"等，对用户进行引导。

引导用户评论，也是提高完播率的小妙招。高频率互动会带来更多的流量，还会让用户产生评论的习惯，在用户留言时，视频依然会继续播放，从而提升视频的完播率。

另外，对于知识类短视频，在作品的结尾处放置本期视频的答案，这也有利于用户看到最后，提升作品的完播率。

2. 转发量

用户之所以主动转发，是因为该短视频的内容让自己产生了共鸣。想要实现转发率的提升，需要了解分享心理的3种形态：分享情绪、分享需求和分享价值。

（1）分享情绪，是指作品通过情绪感染用户，引发共鸣。李佳琦直播时介绍商品的热情以及与观众的互动，就是典型的分享情绪。如果我们也可以像他一样充满热情，向粉丝介绍某个产品，甚至比他更加热情，那么粉丝就会被我们的情绪感染，产生共鸣，主动购买。

（2）分享需求，是指通过内容剧情刺激用户的非刚需需求。例如，某个女孩夜晚下班回家肚子疼，看到男朋友为她准备了一个暖宝宝，女孩很感动，促进了两人的感情。这样的短视频多数女生都会分享给男朋友，告诉他自己也想有视频同款的暖宝宝，从而激发了用户分享需求的心理。

（3）分享价值，是指内容本身足够有价值。正能量的鸡汤文、生活小妙招、管理学知识等垂直领域的知识，都属于有价值的内容。用户会认为该视频对自己很有帮助，也愿意主动转发给和自己有同样需求的朋友。

3. 点赞量

驱动用户主动点赞的心理分为以下 4 种。

（1）刷完视频后，点赞刷存在感。这类用户往往是"点赞狂"，非常热衷于点赞。

（2）遇到与自己的兴趣爱好一致的内容，以游戏、动漫为代表。

（3）视频内容有趣、有价值，让用户内心认可，通过点赞表达自己的认同。

（4）视频的内容充满正能量，用户会主动点赞。例如，一段短视频表达的是女性在怀孕期的辛苦，以及母爱的伟大。这种正能量视频会让人感动，点赞数会很高。

4. 评论量

想要提高评论量，可以采取以下 3 种方式。

（1）在内容中植入互动话题，且话题要有争议性。例如，"咸豆腐脑比甜豆腐脑好吃""男人比女人更不容易"都属于有争议性的话题。对于这类话题，用户会在评论区发表自己的见解，很容易形成大规模、高频次讨论的情形，从而提升评论率。

（2）在视频的末尾或标题处可进行评论引导。例如，"百事可乐好喝，还是可口可乐好喝？""我最想@的人已经找不到了，你呢？"这样的文字能够有效刺激用户，引发其评论留言。

（3）在视频中设置槽点。例如，刻意将一句话反过来说等，故意出错让网友发现，用户会认为自己就像一名侦探，便会在评论区主动发表看法。

3.3.2 如何做好账号不同阶段的运营侧重点

抖音账号的运营，需要根据不同阶段抓住不同的侧重点。抖音账号的运营分为冷启动期、优化期、爆发稳定期和瓶颈期，如图 3-13 所示。

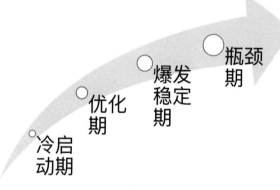

图 3-13　抖音账号运营的 4 个阶段

1. 冷启动期

冷启动期为账号从 0 到 1 的过程。这期间账号的权重很低，初始流量不稳定，需要持续性的维护让账号成功跨过初期阶段。

（1）精准定位 + 内容垂直。初期阶段账号要实现精准定位，内容一定要垂直，不要随便变更领域。

为了获得较大流量，冷启动期需要保证 1 天 1 更新的频率，每周最少更新 3 个作品。在保证质量的前提下，每多一个作品的发布，就会多一次上热门的机会。需要注意的是：不要发布重复或没有版权授权的内容。

此外，要和粉丝进行高频互动。不要认为粉丝少、留言少，自己回复了也没有人关注，任何一个大号的运营都需经历前期的冷清阶段，只有从一点一滴做起，养成良好的习惯，这样才会对后期的运营提供帮助。在冷启动阶段耐得住寂寞，才能守得云开见月明。

（2）避免违规踩雷。这是初期运营过程中最重要的一点。起步阶段账号权重低，如果因为视频违规而导致账号被限流，那么权限会进一步降低，未来想要恢复权重需要付出极大的精力。

（3）利用官方DOU+推广工具进行付费流量注入，让视频的播放数据持续走高，达到提升权重的效果。

（4）保证自己的作品有存货，建议至少保存1~2条备用视频，这样做可以应对突发状况的发生。

2. 优化期

进入优化期后，账号会出现一个小规模的涨粉。此时最重要的是持续监测同类账号，时刻关注其动态，分析其是否有爆款视频发布，账号有哪些优点，是短视频引流直播变现，还是私域变现。仔细分析这些成功账号的运营逻辑，找出适合自己的套路，不断给自己赋能。

在优化期，除了数据反馈我们还会收到一些活跃粉丝的互动反馈。针对粉丝的留言进行互动，并在评论区找到粉丝的兴趣点作为内容策划的方向非常重要。

优化期的视频制作，还需要注意以下3个方面。

（1）作品的封面。当用户进入账号主页后，除了头像、个人简介、头图外，视频作品会以列表的形式呈现在用户面前。统一整齐的封面，会给用户更好的视觉体验。

（2）字幕。字幕起到辅助用户理解作品的作用，所以必要时作品可以添加字幕。需要注意的是：在视频的一个画面中，不要一次性出现过多文字，这会影响用户的体验。同时，字幕不要挡住人脸和主画面。

（3）音乐。抖音对于音乐会给予非常高的权重。同样的视频内容，配上不同的音乐，呈现出的数据效果完全不同。热门的音乐更利于作品获取流量。

3. 爆发稳定期

度过优化期后，账号会进入持续涨粉的爆发稳定期。当账号出现第一次爆发涨粉时，一定要做以下3件事情，抓住这阶段的流量红利。

（1）及时开直播，持续直播到视频的热度停止。视频在被推荐的时间段内，会有大批用户通过视频作品进入主播的直播间，与主播进行面对面的互动。这个阶段无论是直播卖货，还是与用户进行互动转粉，都是最佳时机。

通过视频端进入直播间的流量，会使直播间冲到高的推荐位，导致更多的流量从直播广场进入直播间，部分人又会进入主播的主页，观看账号的内容。这一波直播广场的新流量会将视频进行二次引爆，持续给作品带来流量。所以，直播和视频双向导流机制，一定要在爆发稳定期积极应用。

（2）复盘并进行二次创作。对自己的爆款视频进行拆解，分析其成为爆款的原因是什么，哪一个点是最主要的原因，然后围绕这个爆点进行翻拍和二次创作。这种方式大概率会让新的视频呈现同样的效果。

（3）加快更新频率，从1周更新3次提升到2天更新1次，如果精力允许，应当实现每日更新，在保证视频质量的前提下抓住这个红利期，迅速吸粉。

4. 瓶颈期

度过爆发稳定期后，账号将会进入瓶颈期，无论是作品流量还是涨粉速度都将趋于稳定，甚至出现掉粉状况。这个阶段重要的是内容的更迭，找到下一个增长点。

例如，"毛毛姐"的作品第一阶段时多以"PPT+素人旅游"的形式展现，属于旅游的Vlog形式，单纯拍摄风景或单人的照片。

第二阶段，他开始进行唱歌才艺展示。虽然"毛毛姐"的歌声有一定的吸引力，但在抖音上与其相似的内容有很多，他的颜值又不算特别突出，因此并没有获得大流量的青睐。

第三阶段，"毛毛姐"开始用贵州话演绎搞笑段子，把自己的语言特色展现了出来，但是账号还是没有很多流量。

随后，"毛毛姐"又开始调整风格，买了一顶橘色的假发进行视频录制，结果立刻收到了很好的效果。当下，"毛毛姐"已经拥有了极高的人气，但每次出镜的假发还是会不断更换。这样做的目的，就是为了丰富用户的视觉感，避免用户对橘黄色的假发产生审美疲劳。

所以，进入瓶颈期的抖音账号，一定要进行内容更迭，包括形象、内容结构和定位，给用户带来源源不断的新鲜感，这样才能保证账号始终处于火热的状态。

3.3.3 如何投放DOU+效益更高

DOU+是抖音推出的官方付费推广工具，每付费100元可以给视频带来5000左右的流量，通常其推荐的时间不超过24小时。购买使用DOU+后，视频将通过平台的智能算法推送给潜在的兴趣用户，以此带来高曝光。

DOU+投放方式为：点开自己的视频作品，在评论下方有三个点的按钮，点击后有一个选项为"上热门"。图3-14即为DOU+的投放页面。

图 3-14 DOU+ 的付费页面

DOU+ 将视频推荐给潜在兴趣用户,推荐投放分为以下 3 种。

(1)系统智能推荐。这种模式就是系统通过智能算法将视频匹配到相应的人群。这种投放模式的优点是付费 100 元可以固定得到 5000 流量,虽然成本较低,但流量不够精准。

(2)自定义定向推荐。采用自定义定向推荐投放模式,可以选择推送用户的性别、年龄、地域、兴趣标签等投放指标。这种方式是 DOU+ 主推的模式,可以根据视频的定位定向推送给需要的用户,精准度最高。

例如,化妆品抖音账号可以选择女性,18～23 岁和 24～40 岁的目标人群;如果是高端化妆品,则可以添加选择一二线城市;如果是平价化妆品,可以投放全国，实现区域、年龄层的自主定制模式。

需要注意的是：当我们对投放标准进行设定后，发现每投放100元预计播放量只有2500+，比其他模式的播放量低。事实上，虽然曝光量减少，但采用这种方式推送的流量非常精准，从而导致单个流量的成本会增加。

（3）达人相似粉丝推荐。这种模式是指选择与账号标签相似的达人粉丝进行推荐投放，抖音官方默认要选择5个以上的达人。在进行达人相似粉丝投放时，可以利用第三方数据监测平台找到和账号属性类似的达人，进行针对性投放，这样可以获得更加精准的粉丝。选择的达人的数量最少为5个，最多可为20个。

选定好模式后，接下来需要确认适合投DOU+的时机。

（1）视频发布后数据远远优于平时的作品，有概率冲击爆款，这时投放DOU+进行推广，让作品加速进入下一个流量池。

投放DOU+时应在短时间内小金额、多频次进行投放。假设我们有2000元的预算，可以每次投放200元，分10轮投放，每2~4个小时完成一次投放。

视频是否能上热门，视频发布后4个小时左右即可做出判断，因此过长时间的投放并没有太大意义。

假如投放了大金额的DOU+，那么一定要实时监控投放后视频的数据，包括流量、点赞、转发、评论。如果发现数据增速开始下降，一般可以采取两种措施：一是停止追加投放，让已经投放的资金自然消耗完毕；二是将视频隐藏或删除，这样操作会让未消耗完的DOU+费用回到账户里，下次投放时可继续使用。

（2）新账号在冷启动期可以借助DOU+对视频作品进行加热，迅速拉升账号权重，这样账号以后发布的内容就可以有比较好的流量基础。

通常要对前7~10个视频投放DOU+，部分内容品质较高的作品通常可以获得上千点赞，转粉率在50%左右。

DOU+助推为账号节省了前期最艰难的流量获取时间，但需要注意的是：依靠DOU+打造爆款视频的前提是视频质量本身过硬。如果视频品质低下，那么无论投放多少DOU+都是无意义的，DOU+的作用是锦上添花，而不是雪中送炭。

（3）前期用DOU+测试内容质量。在账号定位和内容方向确定之后，由于粉丝数量有限、流量较低，我们很难根据用户的反馈优化作品内容，这时可以利用DOU+投放的流量测试用户对内容的喜好，在影响力较小时就完成对作品和账号的优化。

想要实现这一点，需要根据投放效果分析转发和评论的互动数据。例如，100元的DOU+投放购买了5000的流量，最后作品获得了6000甚至8000的流量，这意味着该视频获得了额外流量，证明该视频内容是优质的。但如果购买了5000的流量，最终只获得了5000的流量，那说明该视频内容质量一般，没有形成新一轮的传播。

（4）纯电商带货的DOU+投放。这种投放模式适合视频作品挂橱窗卖货。带货DOU+投放的核心是ROI（投入产出比），只要ROI合适，即可根据财力进行大金额投放。比如带货产品为化妆品，客单价50元，佣金是30元，DOU+花费100元买了5000的流量，只要这5000的流量中有4个人成交，那这条视频的ROI就是1:1.2。

抖音平台设定的平台服务费为10%。在这种情况下，只要ROI小于1，理论上可以无限追投DOU+。ROI是1:1.2时意味着投入100万元，就会有20万元的利润；如果ROI可以做到1:2，那投入100万元，就会有100万元的利润。

3.4 短视频带货变现:选择合适的方式才能变现

抖音是目前人气最高的短视频平台之一,但不等于随意带货就可以实现变现。我们必须找到合适的方式,并结合自身账号与视频的特点,才能实现高效变现。

3.4.1 线下商演

线下商演适合头部的网红,粉丝数量要达到百万以上,或是具有较高的颜值与才艺。通常,商家的报价会根据其流量等级来判定。2018年上半年笔者曾与朋友一起举办了一次线下商演活动,并邀请了当时人气超高的"毛毛姐",不足半小时的上台助威活动,需要50万元以上的出场费,这就是抖音大V价值的体现。

线下商演变现的优势在于短时间内可名利双收,但是弊端同样明显。第一,这种变现模式有上限限制。例如,某网红商演收费为50万元,即使全年无休跑商演，能接活动的数量也是有上限的。同时，头部网红的出场费与名气热度相关，想要维持较高的商演费用，就必须持续更新高质量的作品，始终在线上保持活跃度。所以头部网红必须考虑时间和精力的分配问题，不能让商演影响到短视频的更新。

第二，网红的生命周期普遍不长，平台上会不停涌现出新的网红，新宠儿会无情地取代老前辈，品牌方的可选择性会越来越多。百万粉丝的网红也许今天可以接到商演活动，但过一个月热度下降后，也许就没有接单的机会了。

想要始终保持高人气，不妨学习"费启明"和"摩登兄弟"的模式。自从在抖音火爆之后，这两名网红开始转型尝试进入娱乐圈，接拍网剧、上综艺节目，凭借这样的方式维持了较高的人气。

通过抖音，实现从网红到明星身份的转变，这是非常优质的变现路径。一旦获得更高级别的身份，再去接商演就会获得更高的报价。通过短视频平台打造自身的个性标签，吸引初始流量，再参与影视剧的拍摄，作品自带流量和粉丝，那么我们的影响力会进一步提升。

3.4.2 广告变现

接广告是目前多数短视频网红最常见的变现方式之一。商家会支付网红广告费和视频制作费，如果我们的粉丝数量庞大，甚至品牌不会做销售 KPI 考核，只是希望通过我们的影响力实现品牌宣传和产品曝光，并且还可以获得销售分成。

品牌曝光型广告变现适合泛娱乐类网红，这类网红的作品流量大，但不直接卖货，因为粉丝不够精准、不够垂直，粉丝主要追求段子和颜值，直接带货卖化妆品，通常很难让人产生信任感。

目前，泛娱乐类账号接广告报价是 1 分钱 1 个粉丝，100 万粉丝就是 1 万元左右的广告费。垂直领域的账号报价会相对高一些，3 分钱 1 个粉丝，100 万粉丝就是 3 万元左右的广告费。

接广告变现的优势在于门槛较低，但弊端也很明显：娱乐剧情植入广告需要较长的制作周期，并且需要保证产品不影响剧情的发展，这就对前期剧本策划和后期制作提出了较高的要求。

通常来说，带有软广特点的短视频，需要 2~3 天才能完成制作并更新。因为产能有限，所以其"天花板"非常明显。同时，由于当下广告市场行情较为低迷，许多广告主发现这种广告形式并不能形成较高的销售转化，粉丝们喜欢的是网红而非产品，所以投放欲望在不断降低。

广告变现最有效果的领域，依然是精准的垂直领域。以母婴领域账号为例，母婴领域的账号细分性强，有些账号的标签是萌娃，有些账号的标签是母婴育儿。母婴领域的账号会持续输出育儿类或孕期防护类的知识，这些内容会吸引非常精准的粉丝，在这个过程中植入广告信息，会取得较好的效果。

想要实现广告变现，必须结合平台进行。抖音旗下有一个名为"星图"的平台，是抖音提供的官方广告对接平台，专门帮助达人和商家对接广告需求。从 2018 年 9 月平台上线之初，红人和 MCN 机构接广告双方需要支付平台 30% 的服务费，随后服务费降到 5%，网红和商家机构快速进驻。

"星图"的运营结构由内容方、服务方和广告主三方组成。MCN 机构和达人是内容的生产端，服务商位于中间位置。广告主通过"星图"下单，服务商对接广告主并向内容方提出需求，根据需求筛选 MSN 机构和达人，看哪些达人和机构适合推广，最后在"星图"平台上完成交易。在这个过程中，服务商会起到监督的作用，对内容进行把关，提高双方合作的满意程度。通过"星图"

平台进行广告变现，账号还会获得更大的流量，建议短视频运营团队可以多多尝试。

3.4.3 电商带货

电商带货也是目前主流的变现方式。进行带货前，主播需要开通商品橱窗功能。开通商品橱窗有 3 个条件：实名认证、发布 10 个作品和账号粉丝的数量达到 1000。如果账号是蓝 V 且有品牌小店，则可以直接开通橱窗功能。

开通橱窗功能的流程如下：点击橱窗管理，添加想要带货的商品。达人可以挑选淘宝、京东、网易考拉、唯品会、苏宁易购和抖音小店里面的产品进行上架。我们既可以通过点击排行榜进行添加，也可以进行关键词搜索，或复制站外的商品链接将商品添加到橱窗当中。

以淘宝为例，我们打开淘宝，选择产品，点击右上角的分享按钮，复制链接，再把这个链接复制到搜索框里面，便可以看到这个产品的价格和佣金了。

只有符合要求的产品才能添加到抖音橱窗里，通常佣金设置要达到基本要求，具体比例根据不同类目标准有所不同。正常情况下，带货产品都有 20% 以上的佣金。

当橱窗里有商品之后，达人视频端和直播端就可以挂上小黄车进行卖货。短视频带货开通商品橱窗即可，直播带货需要粉丝数量达到 3000 才能开通购物车功能。

3.4.4 招商代理

招商代理变现主要分为线下实体店加盟和项目招商两类。线下实体店加盟的变现方式，主要适合餐饮行业。例如，最早的"CoCo奶茶"和"答案奶茶"，就是通过抖音把产品特色展现在用户面前，引起现象级传播，进而吸引客户主动咨询加盟。

现象级牛蛙餐饮品牌"你的蛙妹妹"视频的第一句即为品牌口号："有蛙有酒，有你有我"。因为视频内容深入人心，且具有怀旧感和互动感，这家店铺一夜爆红，很多粉丝慕名前去打卡，并主动咨询加盟事宜。

项目招商的核心是创始人的人设塑造，通过视频讲述创业故事打动粉丝。例如，某位创业者的短视频内容为从一无所有到拥有豪车别墅的奋斗过程，期间讲述了白手起家的艰辛和创业心得，这些都是用户关注的焦点。用户通过主播的故事不仅学习到了创业知识，还认可了主播的能力和人品，因此自然愿意加盟该主播的品牌。这种模式较为适合微商发展代理。很多做微商的网红通过人设塑造，将抖音平台的粉丝引流至自己的微信社群，不断发展代理商，从而实现变现。

3.4.5 知识付费

知识付费理论上适合所有行业，它分为两种形态：一是卖课程，二是引流到微信卖服务。卖课程这种变现方式的代表是"樊登读书"，其依托抖音平台进行视频展示，通过橱窗卖书、卖课获取佣金收入。卖服务是指通过抖音短视频内容将用户引流到微信，建立社群并开展后续代运营或咨询顾问服务。

3.4.6 实体引流

实体引流主要是实体门店采用的变现方式。例如，餐饮店铺可以制作多个视频在抖音上进行分发，内容主打外卖服务，同时适当对作品进行 DOU+ 推送。可以将位置定位在店铺周边 3 公里以内，选择在傍晚进行投放，一般会取得非常好的效果。有门店曾做过测试：仅投入 100 元的 DOU+，就可以为店铺带来接近 2000 元的外卖销售额。实体引流的方法很简单，只要在发布作品时，在视频下方添加定位即可。

3.4.7 直播打赏

直播打赏也是常见的变现手段。通过直播，主播可以收到粉丝赠送的礼物，礼物可兑换为主播的真实收入。通常，主播会通过比拼连麦的方式与其他主播联动带动粉丝打赏，铁粉为了捍卫主播的荣誉刷礼物，胜负的判定标准即在比拼的时间内获得礼物的多少。不仅抖音，在 YY、快手平台中这种玩法也非常盛行，底层逻辑是基于互联网"老铁文化"的社交逻辑。

3.5 直播带货变现：维持粉丝信任度的有效武器

为什么做抖音一定要开直播？为什么很多时候我们精心打造的视频内容，效果却不如其他人更加简洁的直播？难道我们应该放弃短视频，只做直播？

事实上，在抖音带货，短视频与直播是相辅相成的，二者并非对立。只有将二者巧妙结合起来，我们才能收到意外的惊喜。

3.5.1 直播的 3 个好处

在抖音进行直播，有以下 3 个好处，如图 3-15 所示。

图 3-15 抖音直播的 3 个好处

1. 增加账号流量

开通直播必然会带动短视频的流量。就像"谁家的圆三"曾直播自己睡觉，结果收获了 1800 多万的流量。这就意味着这 1800 多万的流量其中有不少进入了主播的主页，进而浏览其他作品，带动其他视频的播放量，从而提高账号权重。

2. 增强粉丝黏性

直播可以更贴近用户，有助于主播与粉丝进行实时互动，增加粉丝的黏性。开通直播的账号，会让粉丝感到账号背后有一个真实存在的人，而不是冷冰冰的屏幕与无法直接互动的短视频。

3. 拓展变现途径

在直播过程中，主播可以通过用户打赏和产品售卖进行变现。相较于短视频，直播更加简单直接，也能满足各类人群的购买需求。例如，当下最火的主播李佳琦、薇娅，都是通过直播的方式来进行产品销售，短视频作为辅助。

3.5.2 直播前期准备

了解了直播的优势之后，接下来我们要进入直播的前期准备阶段。

1. 基本设置

（1）封面与标题的设置。网友在直播广场会看到各个主播的直播封面和标题，这是给网友的第一印象。高质量的封面和有趣的标题有利于吸引粉丝的关注。所以，封面与标题一定要与内容高度契合，尽可能做到垂直化。

例如，主打钓鱼的主播，封面可以是鱼塘或鱼竿，标题可以是"今日目标钓多少斤鱼"。这类封面和标题足够精准，会吸引那些钓鱼爱好者主动点击，进入直播间。

为了保证用户体验,直播标题的字数最好不要超过7个字,尽可能简洁明了,让人一眼就清楚直播间的内容。比如好物推荐、分享穿搭等,都是很好的标题选择。

(2)地理位置的选择。无论是否有实体店,直播时都应尽可能加上地理位置。这样,和主播同城的用户点击进入的欲望就会大大增强。

2. 打造优秀主播

直播想要吸引众多网友的关注,主播是关键。那些知名带货主播,无一例外自身都有着非常明显的特征,让人有一直关注的欲望。所以,进行直播前,我们要进行优秀主播的打造。

(1)风格定位。关于定位在前文中已经讲过,主播同样需要找准自身的定位,要与发布的短视频内容定位一致,不会产生太过明显的割裂,这样用户观看直播时才不会产生落差。

(2)包装。包装可以让用户感觉主播更加真实,提升直播效果。例如,抖音账号"篱笆"的所有视频都属于田园风,基本上每个作品都有小姐姐在田园里戴一顶草帽劳作的造型。直播时,这一风格也得到了延续,主播会经常戴上这款经典的草帽,衣着服饰也会偏田园风格,与其人设定位相吻合,深受粉丝欢迎。而这个账号的变现方式就是售卖各种水果、蔬菜、鲜花,田园风格的包装与产品的气质非常吻合,让粉丝愿意接受带货推荐,认为产品与主播一样纯天然无公害。

(3)内容。直播间的内容规划,包括话题、才艺、小游戏等,这些都是让直播间充满乐趣的内容,会大大烘托直播间的气氛。

3. 直播工具配置

专业的直播设备会让直播呈现更好的效果,能刺激观众的感官。声卡、麦克风、灯光、背景墙等都是专业主播必备的设备。

采用声卡会有效处理直播时的声音，让主播能够自主调节音量和音质效果，部分声卡还可以发出哄笑声、伴奏声，以及具备变声等功能。

一款专业的麦克风配合声卡可以让收音过程没有太多杂音；补光灯与背景墙的应用会进一步渲染直播间的视觉效果，可以更快地吸引粉丝的眼球，尤其是充满特色的背景墙可以给粉丝留下良好的记忆，加深粉丝对主播的记忆和信任。

3.5.3 直播变现方式

直播的最终目的是实现变现，但变现并不局限于单纯的直播带货。如图3-16所示，直播变现的方式主要有以下3种。

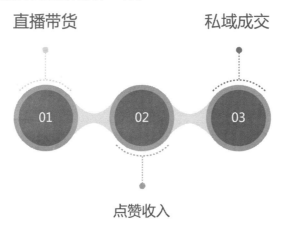

图3-16 抖音直播变现方式

1. 直播带货

直播带货是指在直播间向粉丝推荐产品，让粉丝看到直播后产生购买的欲望和冲动，然后点击直播间下方的黄色购物车进行购买的过程。

2. 点赞收入

点赞收入是指粉丝为主播打赏、刷礼物，主播通过点赞获得变现机会。抖音平台中的"惠子""姜涛笑神"都在采用这类变现方式。

3. 私域成交

引流到私域成交，这种方式适合建立了社群，且主营产品有复购、客单价高的主播或品牌。比如古玩、玉器等产品，特别适合引流到私域中进行售卖。

需要注意的是：抖音平台严禁引流到站外，直播中不可以出现明显的引导话语。我们可以通过以下3个方法将流量引流到微信中。

（1）在直播时标注地理位置。这种方法适用于有实体店的主播或品牌，当粉丝看到地理位置后，同城的人可直接到实体店进行购物。

（2）引导粉丝主动私信加主播为好友。在直播过程中，主播设置赠送粉丝小礼品的活动，获奖的粉丝需要通过私信与主播联系，这样主播就可以通过私聊的方式将粉丝引流到私域中。

（3）在商品详情页下方留联系方式。这样当用户点开商品链接了解到商品信息时就能看到主播的联系方式。

采用这种方式与粉丝交流，会出现跨平台的现象，所以一定要做好背后的社群运营，设专人专门对接抖音粉丝，与粉丝进行无缝沟通。

3.5.4 直播流量获取

部分抖音运营者有这样的认识：直播的目的是维护粉丝、维护账号，而不是流量获取。这种想法是错误的，事实上，直播不仅可以带货、维护粉丝，还可以带来诸多高速发展的机遇，获得超出想象的流量。如图 3-17 所示，直播流量获取拥有多种方式。

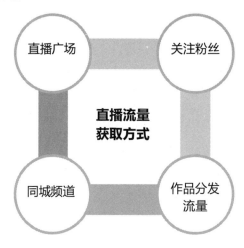

图 3-17　直播流量获取方式

1. 直播广场

对于新人主播，抖音会提供一定的冷启动流量扶持，这是直播间最初的流量。想要获得最初的流量扶持，就需要进入抖音的直播广场。直播广场是抖音用来承接直播的入口，它相当于商场，而主播的直播间就是可流动的门店。系统会根据直播数据分配楼层，从 1 楼到 4 楼，流量逐层递增，我们可以在几楼直播，取决于直播间的互动量、点赞量等。直播广场的入口在抖音 App 左上角的电视机标志中,点击即可进入直播广场。

2. 关注粉丝

如果我们拥有粉丝,那么直播开播后,粉丝打开抖音 App 时就会看到主播的直播提醒。主播直播间的观众大部分来自于账号自身粉丝,所以运营好粉丝是直播的基础。

3. 作品分发流量

作品发布后,系统会提供基础流量,用户能够通过视频作品看到主播正在直播的提示,从而点击头像进入直播间观看。在直播初期,这是非常重要的流量来源。

4. 同城频道

抖音 App 中有同城频道的入口。抖音游客进入同城频道,也有可能看到我们的直播,从而进入直播间。

3.5.5 直播运营策略

在直播过程中,很多主播会出现冷场、尴尬的状况,究其原因是在开播前没有制定详细的直播运营策略,结果遇到突发情况无力应对,导致直播间人气迅速下滑,甚至出现掉粉与负面评价。

想要做好直播,就要制定完善的直播运营策略。如图 3-18 所示,我们需要从以下几点掌握直播运营的技巧。

图 3-18 直播运营策略

1. 播前预热

（1）标题。抖音智能大数据系统会根据直播关键词，判断该直播是否具有热门的潜力，并作出是否推送到热门位置的决定，这与当前观看的人数没有太大的关联。所以，我们必须遵循智能机制优化标题，可以用当下的热词进行串联，让直播间更容易被搜索到，增大上热门推荐的概率。

（2）直播间预热。直播正式开始前，主播需要提前半个小时进行预热，比如与粉丝进行互动。互动数据越高，直播间的权重也会越高，排名也将越靠前，这有利于直播正式开始时的人气提升。

2. 连麦比拼

与其他主播进行连麦比拼，可以让不同主播的粉丝形成交叉，形成相互导流的效果，同时可提高两个直播间的活跃度。

3. 及时提醒

应注意对账号名称、账号简介的维护，可以直接加入提示文案，提醒粉丝准时观看。例如，用"每天 10 点直播"这样的文案，会加深粉丝对达人的直播印象，并最终养成收看习惯。

4.固定时间

固定直播时间的好处，就是引导粉丝养成习惯，抢占用户的时间，让用户在每周、每天的固定时间主动打开抖音 App。我们可根据自己的时间精力设置直播频次与直播时间，将日期固定后，每次直播尽可能保持在 4 个小时以上，这样平台推送的流量会更多，粉丝黏性也会随着接触时间的增多而增强。要记住：直播更像马拉松而不是百米冲刺，持续且固定地与粉丝进行交流，我们直播间的人气才会越来越高。

3.6 抖音直播带货模式选择与网红选择策略

随着抖音带货的规模越来越大，直播带货的模式也愈加丰富，已从最初的直白型产品介绍，发展到剧本式带货，再到如今更加多元的综合性的带货模式。但万变不离其宗，直播带货模式与产品的契合度，决定着最终的带货结果。

以雷军为例。2020年8月16日晚上，雷军在抖音平台开启直播带货首秀，当晚直播带货额度超过1亿元。

但从随后的数据分析我们可以看到：虽然在直播过程中售价49999元的10台小米透明电视被秒抢光，但小米手机的带货量却表现平平。由此可见，即便是商业大咖，也要保证商品与带货模式的契合度，否则很有可能出现效果不佳的现象。

一些朋友认为：带货效果的高低，取决于主播自身的人气与热度。只要主播有足够的名气，带货效果自然不会令人失望。但事实上，拥有3000多万粉丝的抖音大 V 李佳琦也有直播带货滑铁卢的状况发生。

2019 年 10 月 29 日，李佳琦在直播时推介一款高端男士护肤品，出现了带货量只有 1200 件的意外情况。这是因为李佳琦的主要用户群为女性，她们对于男士护肤品有一定关注，但却没有强烈的购买欲望。所以，经历了这次滑铁卢之后，李佳琦没有再推介男士产品或与女性关联性不强的产品。选择怎样的网红，要结合产品与网红的特质、粉丝群特征进行分析，而不是一味只看名气和粉丝数量。

3.6.1 什么样的直播模式最能卖货

分析了数十位抖音带货大咖的带货直播经验之后，笔者发现，要想做好直播带货必须注意以下几个事项。

1. 直播带货的必要条件

（1）直播团队完整度。绝大多数的抖音头部大 V 都有自己的直播团队，包括视频拍摄人员、特效人员、现场布置人员等。尤其是助理、场控人员、运营人员，将会直接决定一场直播能否完美完成，带货能否达到预期目标。

一场优质的直播不仅需要主播自身迸发激情，展现人格魅力，还需要助理的巧妙辅助。熟悉李佳琦的朋友一定会知道，李佳琦的助理不仅可以及时补充李佳琦忽略的商品关键点，还会配合李佳琦调动直播氛围，配合粉丝进行深度互动。例如，在一场直播过程中，多位粉丝表示想看李佳琦背后摆放的其他产品，但李佳琦正投入带货之中无暇回复，这时候助理悄悄将相关产品拿到了李佳琦背后，及时调整了带货顺序，保证了直播间活跃的氛围。这种随机应变，根据粉丝需求调整直播节奏的工作，是一位合格助理必备的能力。优秀的助理不仅只服务于主播,还会与主播互补,让粉丝与主播产生更紧密的联系。场控人员则是活跃直播氛围的催化剂。场控人员不会直接出镜,但具有强大的现场把控能力,比如对背景音乐有充足的敏感度,可以配合直播间氛围及时调换音乐,催化直播效果,进而确保带货效果不断提升。

整个直播背后最大的团队为运营团队,成熟的主播会配备多达数十名的运营人员。运营团队可以确保主播在开播之前就积攒了一定的粉丝热度,例如,在社群中不断发布直播信息、组织各类粉丝活动等,并配合直播节奏及时发放福利。

同时,运营团队还要具有处理应急突发事件的能力,确保主播和直播间在直播过程中不受突发状况的影响。

当我们能够建立起这样的团队体系后,那么直播带货的成功就是水到渠成的事情了。

(2)带货类型的选择。目前,抖音平台上比较火爆的带货类型有以下几种。

① 品牌专卖。多数品牌方会进行直播间的搭建,邀请一位甚至多位头部大V进行直播带货。这种方式非常适合有品牌效应的商家和企业。

② 同类型多品搭配。人气较高的主播会进行不同产品的混搭,尤其在美妆、服装领域,不同品牌的产品都可以在主播手中搭配成"套装"。比如薇娅、李佳琦等,他们不会只局限于一个品牌,而是混合带货。如果我们的粉丝量较大,就可以选择同类型产品的混搭进行直播带货,但要尽量注意产品的垂直,否则有可能出现带货效果不佳的情况。例如,主打母婴产品的直播带货活动,忽然推出一款剃须刀,会给整个直播带来负面影响。

③ 单品专场直播。通过单品的价格优势打开整体销量,这种模式就是单品专场直播。这类直播往往有较大的价格优势,能够吸引人们关注,直播热度居

高不下。虽然单品佣金不高，但带货量庞大，所以大多数主播都会选择这种方式为相关商家及品牌方带货。

④ 私域流量运营。还有一类情况是品牌方同时请多位大V直播带货。有时候，会出现粉丝量少的大V带货效果却超过粉丝量多的大V的情况，这很大程度上是因为主播的私域流量不同。

多数主播都会进行"平台粉丝私域化"的运营，私域流量的大小决定着直播带货的效果。不过，由于这些数据较为隐蔽，品牌方和商家很难准确统计，只能通过以往直播带货的效果来衡量。

（3）选品包装能力。主播的选品包装能力，不仅决定了主播自身的利润空间、账号形象，同时也决定着直播带货的具体模式。无论产品价格属于哪一层级，产品自身是否具有特点，主播都要结合自身的特质对产品进行再包装，给产品赋予不一样的气质，让粉丝们感到眼前一亮。如果能在这一方面表现突出，那么便具备了"爆款"的潜力。

2. 带货的主流模式

了解了带货模式的关键因素后，我们再来了解一下目前哪些主流的带货模式，它们又具有怎样的特点和潜力。

（1）工厂直播带货。工厂直播带货主要集中于水果、美妆、服装领域，主播直接走进产地或工厂，让粉丝看到生产加工最真实的一面。

这种直播带货方式之所以效果突出，是因为环境氛围营造到位，通过产品源头的资质描述，让粉丝相信产品的品质与价格优势，这是目前企业和商家批量带货的主要模式之一。

（2）垂直类精准带货。对于企业和商家来说，主播的领域垂直度往往比粉丝基数更重要。例如，美妆品牌邀请美妆达人直播带货，服装品牌邀请穿搭达人直播带货。这种精准垂直带货，可以通过主播的影响力为产品背书，深受粉丝与品牌的欢迎。

（3）直播连麦带货。直播连麦带货也是当下逐渐走俏的带货方式之一。这种直播带货模式是通过与品牌方连麦，在确保直播间娱乐性、互动性的前提下，邀请品牌方与主播、粉丝互动，以福利的形式进行低价带货。这种带货方式适用于商业领域垂直度不高的主播，比如娱乐搞笑型、生活技巧型等方面的主播。

3.6.2 如何选择带货网红

带货效果与网红级别，并非百分百正向的关系。直播带货能否获得预期的效果，取决于主播自身的带货能力、商业运营能力以及产品匹配度，单纯的粉丝数量并不能决定最终的销量。

对于抖音平台的带货网红选择，"选择对的，不选贵的"是关键。下面，笔者与朋友们分享一下在抖音平台如何选择合适的网红。

1. 选择有口碑的网红

在确认网红之前，首先要对预选的网红主播进行调查，重点关注主播的直播间口碑。部分抖音大V虽然人气较高，但多数粉丝是通过短视频而来的，在直播领域经验不足，直播的口碑并不突出，这类主播并不适合带货。

对于直播经验丰富的主播，则要考察直播间的口碑，粉丝的弹幕、留言、称赞应远远大于质疑和批评。此外，还要分析短视频评论区的口碑，如果口碑不佳，说明粉丝对主播的信任度不足，这类主播同样不适合直播带货。

2. 选择有能力的网红

主播的带货能力直接决定带货效果，而带货能力则体现在主播与粉丝的互动性、主播对产品的认知度以及主播对直播间氛围的带动等方面。

具有带货能力的主播，在直播过程中会根据产品的特点寻找粉丝的需求，并进行积极互动。主播可以不断拉近与粉丝的距离，让粉丝对其产生信任感，在积极的氛围中进行产品推广。

3. 选择有默契的网红

所谓有默契，是指主播与产品之间的契合度要高，这并不只局限在垂直领域当中。例如，产品的格调与主播的气质相符，彼此之间存在默契，让粉丝觉得主播也是这款产品的忠实用户，那么就会形成极佳的带货效应。如果主播不能通过自身把产品的价值体现出来，甚至与产品的气质相反，那么带货效果自然不会尽如人意。

抖音直播的热度在近年来始终居高不下，未来还将会进一步延续，新的网红也将会不断诞生。我们不要被单纯的人气迷惑双眼，而是应当选择与品牌气质相符、能力过硬的网红主播合作，这样才能实现更大的商业价值。

第 4 章

快手运营、
带货实操

快手的社交性稍逊色于抖音，但其电商性质决定了在快手上进行直播带货效果要好于抖音。

4.1 快手如何专业化运营

作为流量仅次于抖音的短视频直播平台，快手每天更新视频的数量超过 1500 万。如何从众多视频中脱颖而出，是多数短视频直播运营者想要迫切解决的问题。为此，笔者特意与几位从事快手运营的朋友进行了详细探讨，结合各项数据，总结出了一套适合新手快速成长的运营秘籍。

4.1.1 重新认识快手

想要玩转快手，首先要重新认识快手。

从互联网电商到自媒体电商，这是一个漫长的发展过程。在这个过程中，传统电商为自媒体电商奠定了坚实的基础，多数电商模式都能够被各大自媒体平台复制，所以，自媒体电商在发展之初就是"站在了巨人的肩膀"之上，不需要从零开始重新培养用户的习惯。因此，自媒体电商的发展速度远远超过传统电商，产生的机遇也多于传统电商。

这就是抖音、快手可以快速介入电商带货的原因。当下，短视频直播赛道中各大板块已然局势明朗，继抖音霸占流量首席地位之后，快手也紧随其后成为短视频直播赛道中的又一大支柱。

首先来看看快手的基因。很多人对快手都有这样的认知：快手诞生之初表现出了较"粗糙"的气质，内容太过真实。但事实上，快手展示的就是生活的真相，是大众生活圈最真实的一面。快手、抖音、微信都是通过信息技术降低人与人之间沟通门槛的代表，只是快手更侧重真实的生活画面，而不是如抖音一般"记录美好生活"。

快手的诞生进一步让线上虚拟世界与线下真实世界的界限模糊化，即便是过去对互联网不了解、对智能手机不熟悉的中老年群体，也逐渐爱上了这一平台，不断将现实中的生活场景拍摄并上传。截至2020年6月，快手日活量已经超过了3亿。

伴随着作品与用户数量的不断提升，快手"电商"的特点也愈发明显。

笔者在前文中说过，抖音适合进行品牌宣传，快手则更适合带货。同时，快手官方打通了与其他平台的快接单、快享、信息流等电商通道，从而促进了快手电商的高速发展。

所以，笔者说"重新认识快手"，就在于看到活跃的生活娱乐短视频之余，还要更加深入了解快手的电商基因。快手对电商带货的支持度也越来越高，并不断优化带货品质，曾经火爆的"三无网红产品"如今已销声匿迹，取而代之的是更专业、更可控的带货产品与模式。

例如，从2019年开始，大批明星开始与快手签约，结合明星效应与正规产品进行推广。低端市场的份额被大大压缩，常规、平庸的模式很难获得优质发展的机会，这些都将给快手短视频直播带货的发展带来新的契机。

4.1.2 快手电商

快手电商是快手官方开通的电商页面，新手可以通过官方教程的学习，了解入驻快手的基础操作，熟悉快手电商制定的各种规则。而想要实现高速发展，在了解平台规则的基础上，还需要结合自媒体时代的热点趋势，找到适合自身发展的技巧。

目前，多数品牌方都会采用最简单的"直接入驻"方式进行产品投放，即与快手平台的大V合作，通过快接单、快享等渠道在平台上实现流量变现。

具体来说，快手平台实现变现的方式主要有两种：短视频带货与直播带货。目前直播带货的效果更佳。如果品牌方的产品性价比高，且与直播主播风格吻合，那么很容易就能打造出爆款网红产品。

当然，对于刚进入快手的新手而言，最适合的方式依然是"内容为王"，先从优质内容入手塑造平台影响力，再进行商业转换。虽然不能在短时间内完成大流量变现，但可以实现私域流量的自建。尤其是在快手红利期，新用户更应该秉持先做账号、再做电商的原则。

同时，快手平台也开通了官方付费流量推广，其推广方式与抖音相似，但操作方式略有不同，价格相比抖音稍低。

首先，从快手上打开需要推广的视频内容，点击上方的"箭头"分享按钮，如图4-1所示。

图 4-1 快手付费推广流程（1）

随后，视频下方就会出现各种分享方式，点击"帮他推广"，就可以跳转到快手的付费推广页面，如图 4-2 所示。

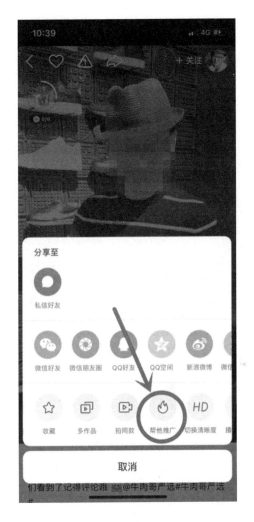

图 4-2 快手付费推广流程（2）

有一个细节需要注意：能够进行付费推广的作品，必须是 30 天内发布的作品。超过 30 天之后，视频就无法进行付费推广。

快手付费流量的投放模式也有很多种,如图 4-3 所示。

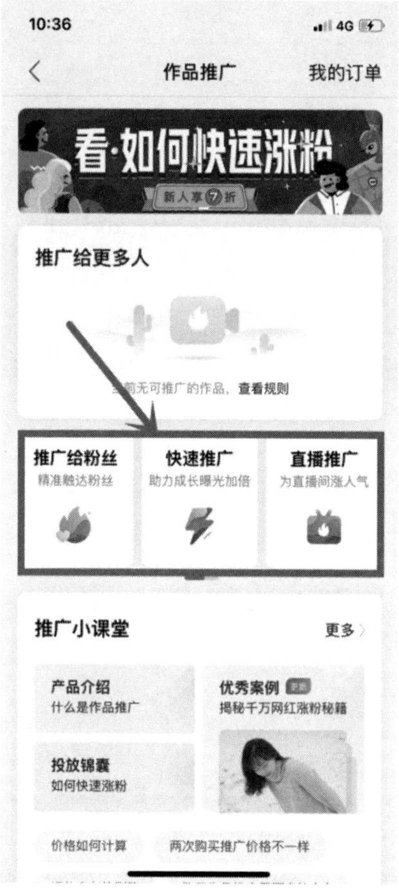

图 4-3 快手付费推广流程(3)

在快手的付费推广页面中,我们可以找到与抖音类似的推广方式,如推广给粉丝、快速推广、直播推广等。

快手的付费推广在价格方面更有优势,如图 4-4 所示。

图 4-4 快手付费推广流程（4）

在付费页面，我们也可以看到快手付费推广的价格。快手平台中推广所用的"快币"，价格为 0.1 元 / 个，40 元在快手平台上就可以获得 5000 ~ 6000 的流量。

4.1.3 售卖商品

2020年3月,快手平台某头部主播两天内带货1200万元,订单超22万单,成了快手当月"卖货王"排行榜的第四名。

与排名前三的快手主播不同,该主播在快手账号运营过程中从来不要求粉丝刷礼物,单纯依靠短视频与直播进行带货,所以他获取的500多万粉丝全部属于精准粉,就转化率而言该主播的成绩丝毫不输于榜单的前三强。

快手就是这样一个平台,主播可以迅速入场,并从零粉丝开始带货运营,只要策略、方式正确,就可以获得广阔的发展空间。

笔者通过对快手平台主流盈利方式进行研究,并结合对多位快手头部主播运营经验的分析,总结了以下几个带货技巧,如图4-5所示。

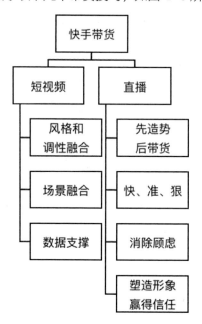

图4-5 快手带货技巧

1. 短视频

快手短视频带货的效果丝毫不弱于直播。如果把快手直播带货视为瞬时的爆发,那么短视频带货就属于长期的持续成交。目前,快手短视频的带货技巧有以下几个。

(1)风格和调性融合。大家可以看到流量大、转化高的快手短视频,往往可以将主播的风格与产品的调性进行深度融合。因为短视频带货必须具备两个元素,一是突出产品卖点,二是获取用户信任。

所以,主播要进行巧妙的策划,在短视频中用柔和的方式把用户的关注点引入产品当中,主播风格与产品调性融合得越深,这一过程越顺畅。

(2)场景融合。带货短视频一般时长较短,需要在有限的时间内迅速吸引用户的注意力。所以视频内容就必须有趣、有感、有共鸣。因为产品自身很难产生这种效果,所以就需要主播将产品与场景进行融合。

目前,主流的场景融合方式有:颜值+产品、搞笑+产品、KOL+产品、明星+产品等。不过在场景融合过程中大家需要注意一个误区,短视频的流量与转化率并不一定成正比,所以场景的融合不能针对曝光率,而应该根据产品的卖点进行设计。

(3)数据支撑。提升快手带货效果需要强大的数据支撑。目前,大多数快手主播拍摄带货短视频之前都会在飞瓜等数据网站进行数据搜集,先对数据网站排名靠前的同类带货短视频进行统计,之后对比分析它们的带货数据。这种方式既可以提升主播的选品质量,又可以了解到产品受众的痛点,从而制作出更优质的带货短视频。

2. 直播

直播作为快手平台最重要的带货渠道,也讲究方式与技巧,笔者现将这些技巧总结如下。

（1）先造势，后带货。快手直播间必须营造火热的氛围，才能够确保用户的留存，在用户情绪被充分带动后带货效果才有保障。

例如，大多数快手主播会根据直播间用户的情绪调整发福利、送礼品的节奏，其目的是为直播间造势，粉丝情绪高涨后再进行带货。

（2）快、准、狠。快手直播间带货讲究"快、准、狠"，即主播需要用最短的时间突出产品的卖点，并将产品与场景融合后碰触用户痛点。比如在直播间带货服装，主播不会用过多时间强调衣服多么华丽、好看，而是第一时间向用户明确衣服的材质、面料、尺码、款式以及季节性等信息，之后才是试穿展示。这种方式对用户产生的消费刺激更为强烈。

（3）消除用户顾虑。由于直播间消费大多属于冲动消费，所以消除用户的顾虑是提升转化率的重点。目前，各自媒体平台的主播都在努力提升消除用户顾虑的能力。

例如，当用户对化妆品的安全性存在顾虑时，主播会用类似"婴儿都可以用"的话术强调产品的安全性；当用户对产品售后存在顾虑时，主播可以马上回答"30天包退包换"，用以强调售后服务的优质性；当用户对价格存在顾虑时，主播会用"全网最低价"突出价格优势。当然，主播说的这些话必须和实际情况相符，不能信口开河。

这些在最短时间内消除用户顾虑的带货技巧可以大幅提升直播间的转化率。

（4）塑造形象，赢得信任。直播过程中主播通过塑造 KOL 形象的方式，可以迅速博取直播间用户的信任。

快手的带货策略与抖音有异曲同工之妙，但相比之下快手带货的方式更为直接、粗暴，用最迅捷的速度直达用户痛点，提升用户的消费欲望，让用户在消费过程中获得满足感,提升对主播的信任,并转化为黏性较高的私域流量。

4.1.4 营销活动

快手的营销活动非常丰富且实用,图4-6是快手平台上常用的几种营销活动方式。

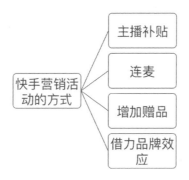

图4-6 快手营销活动的方式

1. 主播补贴

快手平台最能够活跃气氛的方式当属主播补贴。主播为粉丝砍价之后,还会主动进行补贴,或者本场直播带货不要佣金,把佣金作为降价空间再次砍价,从而引爆粉丝的情绪,大幅度提升成交量。

2. 连麦

连麦分为娱乐性连麦与商业性连麦。娱乐性连麦主要表现为与其他主播连麦,增强直播间的娱乐性。商业性连麦是指与专家、专业人士、品牌方之间的连麦,通过专业的讲解让粉丝们了解、信任产品,进而增强带货效果。

3. 增加赠品

赠品的数量越多，粉丝的热情便会越高，这是所有电商平台中通用的营销思维，快手也不例外。主播通过与商家连麦，在砍价之后继续索要赠品，并不断提升赠品数量，不断给粉丝带来惊喜，提升营销效果。

4. 借力品牌效应

作为短视频直播主播，应尽可能与品牌商直接合作，尤其是有知名度的品牌商。因为，品牌一般都会自带背书。很多新手主播认为品牌越高档，价格越难协调，因为有其他电商平台可以比价。但事实上，再高端的品牌方，也有去库存的需求，他们愿意拿出一个有诚意的价格，实现产品的快速销售。

以上就是常见的快手平台营销活动，非常适合短视频直播新手进行带货，获得更多的变现机遇。

4.2 快手小店开通与运营

开通快手小店,有利于短视频直播主播进一步拓宽在快手的带货渠道。快手小店是官方电商渠道,会获得更大的流量扶持与倾斜。

4.2.1 如何开通快手小店

开通快手小店,首先需要打开快手 App,然后点击左上角的菜单按钮,如图 4-7 所示。

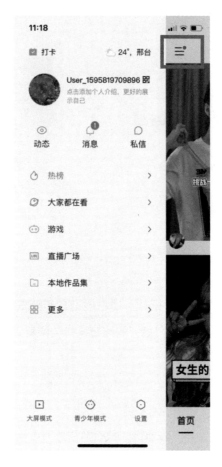

图 4-7 快手小店的开通流程（1）

其次，点击页面下方的"更多"，如图 4-8 所示。

图 4-8　快手小店的开通流程（2）

再次，找到并点击"快手小店"，如图 4-9 所示，跳转到快手小店页面。

图 4-9 快手小店的开通流程（3）

最后，点击右上角的"开店"，如图 4-10 所示，按照系统提示的内容进行填写，即可完成快手小店的开通。

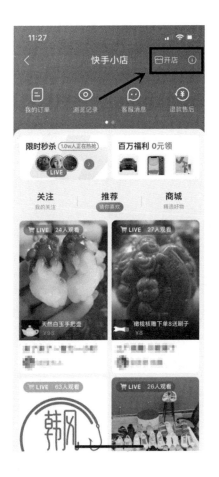

图 4-10 快手小店的开通流程（4）

快手小店与其他自媒体平台一样，需要申请者通过实名认证。快手小店后台的功能一目了然，我们可以根据系统提示完成各种后续操作。需要注意的是：快手还有一些特色功能，分别为预售、秒杀、优惠券、闪电购、购买推广、选货中心、买家秀等，这些功能可以大幅提升快手电商的运作效果。

4.2.2 快手小店如何选品

经营快手小店有一项工作非常关键：选品。选品直接决定了最终带货效果，以及对账号形象的影响。如图 4-11 所示，笔者总结了多位快手主播选品的 3 个技巧。

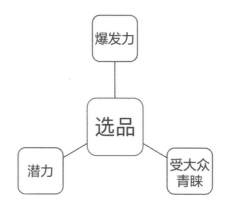

图 4-11 快手带货选品技巧

1. 产品要有爆发力

所谓爆发力，是指产品的价格非常有吸引力。无论多么大牌的明星、网红，都不会拒绝低价的产品，只有这样的产品，才能引爆粉丝们的热情。

例如，2019 年香港明星王祖蓝就曾在快手带货一款价格为 49.9 元的"火山泥面乳"。这是一款效果非常突出的产品，当日成交量高达 15 万件，并登上了快手 7 日排行榜榜首的位置。相对同类产品，这个价位非常低，能足够引爆粉丝的眼球。在带货过程中，王祖蓝一直强调是在为粉丝选择商品，同时结合自身使用体验进行说明，从而达到了良好的效果。

主播在选品时，一定要分析产品是否具备价格优势。价格优势越大，流量自然就越高，销量自然也就越大。在成为大V之前，利润并非主播的首要关注点，销量才是关键。

需要注意的是，有爆发力的产品价格偏低，但并非所有价格偏低的产品都有爆发力。产品的效果、口碑以及过往销量，是判定这款商品爆发力的关键。如果产品销量、口碑都不突出，甚至负面口碑频发，那么价格再低也不是首选。

2. 产品要有潜力

在关注有爆发力产品的同时，也不要忽视销量低但有潜力的产品。对于这类产品，有一个关键因素需要特别关注——是否为新品。这些产品在网红带货初期销量并不突出，但它们具有非常突出的特点，只要找到正确的方法，就可以将其打造成爆款产品。

目前，快手电商商品主要分为美妆护肤、食品饮料、母婴儿童、家居日用、鞋包饰品、个护清洁、3C数码、家用电器、健身户外、服装、宠物和其他，共计12个种类，主要消费者以女性居多。女性购买商品时注重两大板块：效果与功能性。我们要分门别类地分析，找到具有潜力的商品，尤其关注其效果和功能性。

所谓效果，是指如护肤品、美妆、服装等商品的使用效果，比如能够提升颜值、能否紧跟潮流。如果效果突出，即便暂时销量不高，只要不断推广，就有可能迅速成为爆款。

而功能性则是针对母婴、食品、减肥瘦身等领域的商品。选择这类领域的新品时，应主要关心其能否解决消费者的实际问题。如果作用突出，那么它们也是主播的首选商品。

3. 品牌要受大众青睐

很多短视频直播新手喜欢选择品牌商品中的底价产品，这当然是一种选品策略，但品牌与价格要相辅相成、相得益彰，否则就很难取得预期效果。这是因为：在当下的短视频直播带货氛围中，并非所有品牌都适合做推广。以下，笔者总结了一些品牌选择的技巧。

（1）领域内品牌排名。选品前要先了解同一领域品牌的排名。例如，目标产品为裙子，主播就需要在全网搜索当季裙子的销量排名，在大众青睐的品牌中再对比风格，这样才能选择到该领域内受大众青睐的品牌。

（2）性价比排名。从品牌中选择价低的产品，然后进行性价比排名，进而达到优选的效果。

（3）品牌线上知名度排名。线上品牌与线下品牌在用户中的口碑是截然不同的，主打线下的品牌往往会给用户带来陌生感，线上品牌则在快手中拥有天然的吸引力。例如，良品铺子、三只松鼠等零食品牌就是先从线上兴起的，之后再打通线下渠道。品牌的知名度会关系到粉丝对产品的青睐程度。在选品过程中一定要注重品牌效应，线上品牌自然优于线下品牌。

4.2.3 快手小店如何推广

对于快手小店，我们如何进行推广？很多新手认为：快手小店的推广主要看短视频引流效果。作品引流高，自然快手小店的浏览量也就会上涨。

这种思路没有错，但是并不精准。快手平台遵循"内容为王"的定律，但用户不只关注视频内容，还会关注主播账号的影响力。所以，自身的账号推广，也会对快手小店的运营产生效果。

如图4-12所示，通过对大量优质快手账号的分析，笔者总结出了以下几个快手小店的推广技巧。

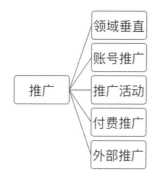

图 4-12 快手小店的推广技巧

1. 领域垂直度要高

所谓垂直度，是指快手小店中商品所属的领域应当精准。在很多账号的快手小店中，商品类型非常繁杂，既有母婴产品也有户外产品，导致账号垂直度不高，很容易被用户贴上"专业度不高"的标签，导致粉丝对主播的专业程度产生质疑。虽然有时也会出现爆款商品，但从长远角度来看，这种模式不利于小店的推广。

2. 直播过程中不能只推广商品，更要推广账号

直播是快手账号成长的重要方式，带货虽然是直播的目的，但不是唯一目的。直播的内容重点还应放在账号的推广方面。

例如，在直播过程中，主播要多突出自身优势、特点，吸引粉丝关注。尤其是在表达一些观点时，一定要做到专业。例如，对某款产品有独特的见解，可以引发讨论，与粉丝之间产生深度互动，最终达到推广账号、推广小店的效果。

3. 推广活动

借助快手小店提供的各类功能，主播可以开展各类推广活动，比如，限时秒杀、发放优惠券等活动，这会大大提升粉丝的黏合度与互动心理，提升小店的人气。

4. 付费推广

借助快手平台提供的官方付费模式，可以为快手小店引入流量。这种店铺与商品同时受益的活动，可以加速快手小店的成长。

5. 外部推广

在运营快手账号的同时，不要忘记在其他网站上的推广。知名主播都会涉及其他平台，比如豆瓣、知乎、微博等，也会不断更新各种信息。在这些平台上运营，虽然会给自己带来较大的工作量，但可以给快手小店引流。尤其在这类平台上参加一些群体性话题讨论，一旦引起关注，就会为快手小店引来大批流量。

4.3 快手小店带货方法论

快手小店的运营是否良好，直接决定了最终带货收入的高低。那么，我们该如何找到最适合自己的带货方式呢？

4.3.1 带货运营思维

进行快手小店带货前，首先要了解快手平台的制度。2020年年初，快手发布了众多违规账号的清除通告，正能量的内容被大力推广，低俗负面的账号被限流或直接封禁。在这一趋势下，快手进入了更加规范的发展阶段，过去那种打擦边球的运营思路须摒弃，正向思维才是最终的出路。这是我们首先要认识的一点。

1. 建立准确的带货思维

未来的快手，将回归"内容为王"的思路。这一思路也可以运用到带货当中。2019年"双11"，快手平台创造出"20位大V带货21亿元"的销售奇迹，高端、专业是关键点。在这些大V的直播间当中，购物是一种享受，而不是被迫的顺从，这就是高质量内容输出的效果。

所以，无论当下我们处于网红的哪个阶段，首先要建立高质量视频内容的思维。单纯跟风、模仿或许可以带来一时的流量，但想要长久发展，必须形成自己的风格，持续输出有价值的短视频和直播。当我们的视频、直播内容有看点时，就可以获得更多的曝光和流量扶持。

相比抖音，快手的内容偏重乡土风，但它更能体现生活百态。运营快手，不要盲目地照搬抖音的运营策略，而是应当从以下几点入手，如图4-13所示。

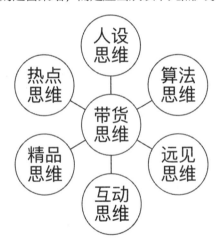

图 4-13　快手带货思维

（1）人设思维。当下，快手已经进入到规范发展时期，模仿、跟风的方式很容易被限流，也不会受到用户欢迎。因此，一定要结合自己的特点，围绕垂直领域，打造出独特的人设。

（2）算法思维。快手的算法基于点赞量、评论量、完播率、转发量等，运营快手要将这些元素运用好，设计好每条视频的爆点。尽可能提升点赞量、评论量、完播率、转发量，才能提升带货效果。

（3）远见思维。即带货不能追求一时的利益，影响账号的发展。无论短视频带货还是直播带货，都要根据平台规则、用户评论来制作内容。一旦出现用户评论不满，或对硬广告表示抵触的情况，主播要及时调整带货的策略与频率，让用户感到满意，这样才能更好地做好带货工作。

（4）互动思维。应尽可能建立团队，这不仅仅涉及主播工作量的问题，更关乎账号的健康发展。尤其是与粉丝的互动，单纯依靠主播个人的力量是无法完成的。快手的运营，需要娱乐与社交元素，否则粉丝与账号的黏性就会大大降低。专业的团队可以及时对评论进行回复、置顶热点评论、对直播进行引导互动等。所以，当账号的人气逐渐提升时，一定要将团队建设提上日程。

（5）精品思维。做一个假设，我们与其他大V同时开播，大家粉丝数相同、带货产品相同、开播时间相同，那么最终谁的带货量最高？主播的气质、沟通能力、推广能力等因素都会影响到结果，而它们都指向一个关键点——精品思维。

所谓精品思维，主要体现在细节当中，包括主播的状态、背景墙的设置，以及短视频封面格式的设计等。这些细节决定了粉丝对主播的印象，更决定了粉丝对主播带货产品的认可程度。

例如，在抖音拥有千万粉丝的大V"老丈人说车"在快手上已拥有500多万粉丝，其快手小店内则只有三款产品。三款产品都与汽车无关，所以自然没有多少销量。如果主播不注重人设、账号垂直度、粉丝反馈等细节，那么无论粉丝量有多少，带货效果也不会突出。

（6）热点思维。虽然单纯模仿不利于账号的长远发展，但当下的社会热点不能错过，尤其对于快手带货，热点思维是提高转化、变现的关键。

以上 6 个方面，是快手平台最核心的带货思维，非常值得新手主播学习。

2. 了解快手"源头好货"的平台特色

2019 年，快手平台推出了"源头好货"，并以此为特色进行平台招商。快手的这一举动大幅度加快了平台电商的运作效率，成为快手平台的一大特色，提升了平台用户带货的效果与利润。

目前，"源头好货"包含以下几方面的产品。

（1）原产地产品。即可以追溯到原产地的产品，比如生鲜产品和农产品，保证产品从源头就能够得到保障。

（2）产业链产品。即全流程价格统一的产品，也就是电商平台、商家、生产商价格统一的商品。此类商品可以以实惠的价格推向市场。

（3）工厂产品。即主播直接在工厂进行直播或短视频拍摄，在工厂内把货物源头展现给粉丝们，让粉丝们对品质产生信任。这种带货方式需要对接品牌销售前端，过程透明，利润极大。

（4）原生品牌。原生品牌也得到了快手的流量倾斜，这类产品很容易被打造为网红爆款。

从以上 4 点可以看出，快手正在建立"打通思维"，从源头到终端直接打通所有环节，为用户提供安心、优惠的购物环境。这种思维对于企业、商家的未来发展非常重要，将成为未来电商发展的主流趋势。

4.3.2 带货作品类型选择

我们已经学习了快手小店选品的技巧，接下来，我们要进一步深入学习，确认带货作品的类型。

我们要意识到，自媒体改变了大众的消费模式，短视频直播平台的电商崛起，正在推动电商时代产生新的变化。短视频直播平台为个人和企业提供了更多的变现渠道，为商业发展提供了新的入口。

无论是短视频还是直播，内容定位都要基于产品属性，结合用户群体的需求，拍摄吸引人、打动人的画面。那么，如何才能提高产品与视频之间的契合度？要进行数据分析。

无论是短视频推广还是直播带货，都会产生相应的数据，一定要注意分析。通过对数据的分析，我们可以找到现有短视频、直播与商品属性的关联程度，以及哪些视频类型推广效果更突出。

以快手平台为例，后台已经提供了各个指标的具体数据，我们需要每天对这些数据进行分析，找到带货存在的问题，并及时调整。

除了官方提供的数据，我们还可以借助第三方平台进一步分析数据。比如飞瓜、卡思、66榜等，尽可能做到多平台组合使用。因为这些平台的数据并非快手官方统计的数据，所以数据有可能出现较大误差。多个平台综合对比使用，才能确保数据的准确性。

带货视频作品类型见图4-14。

图4-14 带货视频作品类型

1. 与明星、网红视频内容结合带货

2019年，杨幂的一次街拍带货，导致品牌的多个实体店出现断货情况，这就是网红、明星带货带来的效果。因此，在与品牌方合作时，尽可能选择与明星相关的产品进行带货，效果会更加突出。当然，我们需要注意版权问题，尽量与品牌官方的广告结合，切勿私自剪辑明星视频，否则很容易造成违规，被平台处罚。

同时，在短视频直播带货过程中，也不要盲目追求明星、网红效果，多思考这些明星、网红的特点和风格，提炼具有传播性的内容，这样才可以实现持久、高效带货。

2. 痛点视频带货

所谓痛点视频带货，是指通过视频本身凸显用户生活和工作中常见的痛点，通过产品效果描述解决痛点，从而让粉丝意识到产品的重要性，提升带货效果。在这种视频中，产品的价值要与用户的痛点相吻合，两者紧密性越高，带货效果就越好。

例如，在某款充电宝的带货视频中，主播的手机没电了，但他需要紧急联系他人，这时候充电宝就派上用场了。这种视频具有很强的带货效果。这种思维在传统电商中已被频繁运用，最知名的案例当属"懒人黑科技"，产品能够有效解决用户痛点，自然非常受欢迎。

3. 品质对比带货

快手平台的打假类主播非常受欢迎，原因就是用户对很多产品存在一定的质疑心理。通过品质对比视频，我们可以消除用户的不安全感，突出产品效果。

需要注意的是，被对比的产品不宜展示品牌，否则会被视为恶意竞争，不仅平台会进行处罚，还可能会引发诉讼。

了解了这些带货作品的类型后,我们就可以根据自己的产品进行有针对性的设计了。当然,带货视频作品的类型不是唯一影响因素,还要考虑账号定位、视频拍摄技巧以及后期剪辑制作,它们都会影响到最终的带货效果。

4.3.3 快手账号如何冷启动

与抖音类似,快手也有一段冷启动时期,我们该如何突破前期竞争呢?如图 4-15 所示,我们应当按照这样的模式度过冷启动期。

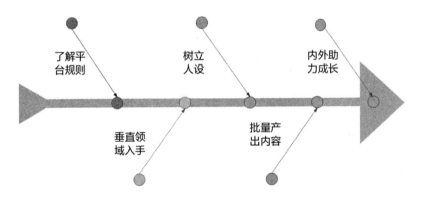

图 4-15 快手账号冷启动流程

1. 了解平台规则

很多快手新手很容易陷入一个误区:我已经刷快手几年了,所以一定很擅长运营快手!但事实上,刷快手和运营快手完全是两码事,使用快手 App 观看视频内容、购买商品没有任何限制,但运营快手则要对这一平台有更多的了解,从刷快手升级为懂快手。

(1)快手内容双列 Feed 流形式呈现,其目的是为用户提供更多选择,进而体现平台的人性化设计。两大板块代表着不同需求的用户。

（2）快手是建立在社交、娱乐基础上的自媒体平台，粉丝互动性高、黏性强，账号人性化程度突出。刷快手我们只关注娱乐即可，但运营快手我们需要结合社交进行，寻找快手平台独特的社交基因。

（3）快手带货遵循"公平普惠"的原则，无论账号大小，优质的内容一定可以获得大额流量。但在刷快手的过程中，我们不会关注流量问题。

2. 从垂直领域入手，做可持续的变现账号

在快手上，能否垂直发展对账号的未来非常重要，不仅决定账号的定位，还关系到账号变现、账号涨粉、内容输出等问题。

分析那些快手平台上的成功账号我们可以看到，越是在垂直领域深耕，粉丝活跃程度会越高，变现渠道也会越通畅，账号成长速度也将更快。快手平台受欢迎的垂直领域分别为：搞笑、美妆、游戏、美食、汽车、萌宠等，在单一领域内深度挖掘，还会获得平台给予的流量红利。比如在汽车领域，快手官方不仅开通了专属频道，还开展了各项活动进行流量扶持。

3. 树立人设，突出特点

快手吸粉，就是通过视频、直播的内容吸引用户。主播要用有态度、有活力的账号来打动更多用户。

例如，2019年快手达人榜单的网红，从账号名称到头像选择都非常有特色，可以第一时间向用户展示账号的属性。做好账号设置，是冷启动期间的关键。

（1）账号名称。在账号设置中不宜使用生僻字，应符合易传播、有特点的原则。

（2）头像设置。如果主播颜值较高，可以用真人头像；如果不愿露脸，可以选择与账号风格统一的标识、景物等。

（3）账号头图。账号头图不宜展示个人照片，应重点选择与账号类型、内容相符的背景。例如，服饰类账号头图可以是模特，电影类账号头图可以是好莱坞大片画面等。

（4）文字信息。不宜过长，要有趣味、有亮点，但不要偏离账号主题。

4. 批量产出内容，适量推广包装

快手的内容输出可以分为日更、两日更等节奏，但视频制作一定是批量产出，根据用户反馈可随时调整发布节奏，保证冷启动期间不断有视频的更新。

在账号冷启动前期，需要进行一定的推广与包装。例如，主动分享给朋友，转发至朋友圈、微博等其他社交平台，这样不仅可以提升账号的成长速度，也可以提升粉丝黏性。

5. 高峰流量发布，内外助力成长

与抖音账号的冷启动过程相似，快手的内容发布也很讲究技巧。

（1）善用流量高峰。快手平台用户最活跃时间段为晚上6点至10点，这一时间段内可以获得更多的展示机会。中午12点到下午2点也是快手平台用户的活跃时期，这一时间段可以作为备用选择。

（2）及时开通直播，增加账号曝光率。快手想要开通直播，需要达到一定条件。只要主播坚持运营，这一条件很容易达成。直播条件一旦达成，应立即开通直播。在此之前，我们应提前做好直播的准备工作。

（3）大号引流。如果我们有大V朋友，可以通过他们的协助进行引流。当然，我们也可以通过付费的方式与大V连麦进行引流。需要注意的是：我们应选择与账号类型相同的大V进行引流。

（4）积极参与快手官方的各项活动。快手官方在各个领域都推出了相应的活动，且流量红利非常可观。积极参与这些活动，可以大大提升账号的曝光度，

实现高速成长。

总体而言,快手平台的冷启动与抖音平台类似。只要我们能够坚持运营,多结合笔者总结的这些技巧与方法,就可以摸索出一条适合账号冷启动的道路。

4.3.4 短视频运营攻略

短视频制作和直播是快手账号成长的两个重点方面,直播能够实现可观的带货效果,短视频则承载着日常维护的工作。对于追求带货效果的账号,在账号发展初期,要厘清短视频运营的思路。图4-16为快手短视频运营的3个策略。

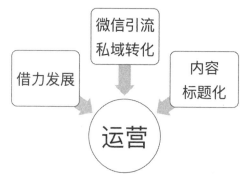

图4-16 快手短视频运营策略

1. 借力发展

部分快手账号在发展初期会出现这样的情况:直播效果突出,但账号成长却十分缓慢,其最主要的原因是日常短视频内容不佳。

之所以短视频内容不佳,很大程度上是因为我们的内容规划无序,无法实现源源不断的输出。针对这种现象,我们可以适当进行借力,模仿同类优秀账号。但需要注意的是,这种借力只是短期的,千万不要抄袭或长期过度模仿,否则很容易被平台封禁或造成粉丝流失。

2. 微信引流，私域转化

多数快手大V都开通了自己的专属微信号，在直播的过程中他们会口播自己的微信号，或者用标识牌标注，从而实现从快手到微信的粉丝沉淀。需要注意的是，快手平台虽然默认这一行为，但并不鼓励这种方式，因为这会造成平台流量的流失。所以在这个过程中，主播一定要注意方式方法，避免触发平台的惩罚机制。

3. 内容标题化

标题的作用不可忽视，尤其在快手平台，一个优质的视频搭配干练、趣味性十足的标题，会起到很好的传播、吸粉效果。

4.3.5 快手直播带货攻略

从带货效果来分析，快手直播与短视频带货的效果比可以达到9∶1。由此可见，想要实现带货变现，直播是关键。

图4-17为快手直播带货的3个攻略。

图4-17 快手直播带货攻略

1. 前期养号，后期带货

对于已经拥有5000粉丝且刚刚开通直播的快手新手，我们可以提高直播频率，但前期应降低卖货频率，将重点放在增强粉丝黏性上面。甚至在前期可以只送礼品不带货，当直播间活跃度稳定之后，再有步骤地开始带货。

2. 先吸粉，后带货

在快手账号前期的发展过程中，粉丝才是重中之重，日后直播的效果很大程度取决于粉丝的基数。想要实现直播粉丝数的提升，就需要做好优质短视频的输出，优质短视频的输出要与直播配合得十分得当。

3. 提升转化能力

在直播前，主播需要详细了解产品情况，做好直播脚本的策划，把话题、热点、爆梗提前准备好，在直播过程中按照脚本的设定调动氛围，积极互动，赢得粉丝的信任，从而逐步提升转化能力。

以上是快手主播在直播操作过程中需要考虑的重点问题，多思考、多结合、多运用，方能取得预期的效果。

4.3.6 粉丝运营技巧

粉丝运营的情况，是能否做好快手的关键。针对快手平台，笔者通过对多个大V账号涨粉历程进行总结，提炼出了最有效的3种吸粉方式，如图4-18所示。

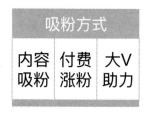

图4-18 快手平台吸粉方式

1. 内容吸粉

所谓内容吸粉，就是通过优质内容吸引粉丝的关注。优质的内容除了作品本身出色，还要满足领域足够垂直、见解足够独特的原则，且保证内容更新有持续性，给粉丝一种刷剧的感觉。

2. 付费涨粉

快手平台推出的官方付费涨粉渠道也是一个吸粉的选择。不过这种涨粉方式虽然快，但投入较大，且粉丝精准度并不高，所以不做主要推荐。

3. 大V助力

大V助力这种方法同样适用于账号的粉丝增长。如果自身没有相关资源，那么可以采取付费方式与其他大V连麦。当主播账号成长到一定阶段时，可以在同一级别内与其他大V连麦共享，实现共同涨粉的目的。

4.3.7 快手店铺运营技巧

随着快手、抖音等平台的发展，如今线上网红店铺已经延伸到了线下，借助在线上获得的人气，可以在线下迅速打开局面。在各大城市的商业街等处不乏网红店的身影，其中很多门店都来源于快手。

对于快手店铺运营，我们需要掌握以下这4个原则。

1. 找亮点，跟热点

紧随潮流热点是短视频内容输出的重要灵感来源。每一条视频都与当下热点结合，账号自身也就具备了亮点。有亮点的账号更具生命力，既可以实现线上的不断吸粉，在线下也很容易吸引人的眼球，让粉丝主动走进门店。

2. 把产品包装为卖点

在一些成功的快手带货视频中可以看到，带货视频已经不局限于产品自身的优点与效果之上，从原材料到加工，再到生产设备和生产环境等方面都可以包装成为卖点。

例如，快手平台上很多生鲜、农产品的价格并不低，但因其生长环境的天然且无污染，倍受快手用户的青睐，销量非常惊人。所以，我们必须挖掘产品所有角度的特点，进行有针对性的包装，这样无论线上还是线下销售，都能够在短时间内刺激到用户的购买欲望。

3. 打通线上线下用户群体

可以将快手线上的流量引流到线下实体店，也可以将实体店的流量引流至线上平台。例如，线下门店可以通过打折、赠小礼品等策略邀请用户关注线上账号，并通过线上账号及时推送打折、优惠券等信息，实现线上线下的用户互通。

4. 建立私域流量社群

把粉丝当作朋友而非用户，可以提升账号的亲和力。正如李佳琦在直播间对粉丝的维护，让粉丝认为李佳琦是家人而非导购，所以他能够成为大流量的网红。

对于粉丝，我们要建立微信群、QQ群等社群，并维护群内氛围。长期保持粉丝群内的娱乐性、话题性讨论，并将各种视频作品优先分享到群内，是提升粉丝质量、维持社群热度的重要工作。

4.4 快手带货的社群电商运营与原始流量积累

对于私域化流量属性突出的快手,粉丝的维护与原始流量的积累裂变,在很大程度上会影响快手账号的未来发展趋势。期望在快手平台获得优质的带货效果,就需要把粉丝运营放在重中之重的位置。

4.4.1 快手电商运营三部曲

快手平台引入电商运营体系后,商家、品牌方、网红在这一平台的发展进入了新的阶段,平台有了"电商标杆化"的打造意识,商家涌入快手的数量成倍翻涨。面对这种发展局面,我们需要深入了解快手电商运营的技巧与流程,确保自己能够有过硬的生存能力与发展潜力。

1. 账号、人设定位清晰

快手运营的第一步是账号设立。账号不只是登录工具,更是主播在这一平台上的形象展示。我们要结合快手的特点,打造独特的人设。

首先，快手平台的属性为"记录生活，贴近生活"，在这一属性的基础上要与粉丝产生更多的互动，依靠持续的优质内容输出不断吸粉，不断成长。

其次，在账号运营之前，主播要做好人设，树立有特色的平台形象。人物形象的成功设立可以彰显生命力与定位。

2. 通过快手社区奠定优质基础

快手是一个大型生活社区，前期发布的短视频作品会成为与他人沟通的桥梁。多了解快手的风格，通过短视频展现账号的商业特色，巧妙植入产品，这样就可以吸引粉丝的关注。

快手主打的是"生活"，所以我们的短视频作品应该以贴近生活为切入点，通过充满生活趣味的内容获得流量。

分析一些快手电商账号的成长历程，我们可以将快手前期运营过程分为三个层次：第一层次主要以剧情类内容为主，第二层次主要以商品展示为主，第三层次则是图片的堆积切换。

通过优质短视频作品吸引流量是第一步，接下来是进行粉丝私域化提升，即把粉丝当作朋友来对待。朋友也分为两种：第一种是同行，第二种是粉丝。

对于快手平台内的同行，我们不必将其认定为"竞争者"，仅仅将其视为未来发展过程中的流量争夺者。我们应该将他们当作前辈和引路者，关注、分析和学习他们的作品，吸取他们的成长经验，提升自己的实力。这样做的目的，也是为了在他们的直播间中"刷存在感"。我们与这些大V主播的需求一致，他们的粉丝有可能就是我们的目标粉丝，打赏会让直播间内的粉丝认同我们，甚至关注我们。

对于我们自己的粉丝，不仅要及时回复评论，还需要积极引导评论，引爆评论区的氛围。这样既可以提高粉丝的忠诚度，也可以在平台树立良好的账号形象。

账号运营前期，千万不要因为粉丝少而忽略维护环节。每一条私信都应及时回复，粉丝的作品也要及时点赞，这才是"朋友相处"的最好方式。

3. 直播加速成长，提升转化

把握好直播的节奏，就把握住了快手账号发展的命脉。与前期短视频运营相比，快手的直播才是决定带货效果的重要手段。

高质量的快手直播，不仅要做好直播阶段的工作，还要关注直播前后的整体运营情况。一场高质量的直播，分为以下3个阶段。

（1）开播前：及时预热，选择时机。

（2）直播中：深度互动，巧妙引导。

（3）直播后：持续运营，提升复购。

有了这3步的相互配合，快手直播才能呈现出"爆炸式"的好评。

4.4.2 如何大规模积累原始流量

快手账号起步之初，就必须做好原始流量的积累，这会直接决定该账号的未来成长空间。那么，如何在账号发展初期阶段大规模积累原始流量呢？

1. 做好内容规划

我们要做好短视频内容的规划，以此来吸引流量关注。快手平台上优质短视频主要有以下几种类型。

（1）意外反转类。意外反转类短视频是指随着剧情的发展，结局会出现出人意料的反转。这类短视频一般不会太长，但剧情非常紧凑，完播率、点赞量和评论量相对较高。

（2）人设鲜明类。人设鲜明类短视频是指账号人设有特点、有创意，且具备延续性，打造出的作品能够与粉丝产生共鸣，从而收获黏性较高的粉丝群体。

（3）生活技巧分享类。生活技巧分享类短视频通过分享一些实用性突出的技巧或产品，解决大众生活的痛点。这类短视频的转化率非常可观。例如，在一条针对白领阶层的办公操作方面的短视频中植入某个应用类 App 的介绍，会大大提升该 App 的下载量。

（4）颜值才艺类。超高颜值的小哥哥、小姐姐在任何一个平台都会获得很多流量，快手也不例外。如果我们有较高的颜值和才艺，将二者进行结合，那么很容易就能点燃快手平台上粉丝们的热情。

（5）个性类。这类视频作品相对冷门，但因为独特的个性很容易引起粉丝的关注。例如，"手工耿"就是典型代表。当然，这类作品对于创意、拍摄技巧的要求也会更高，需要主播有非常专业的能力。

2. 粉丝互动性

提高粉丝互动性是所有主播必须投入大量精力的工作。对于尚处于初期发展阶段的账号来说，该如何提升与粉丝的互动，增加原始流量的积累呢？有以下 3 条建议。

（1）提高短视频作品的话题性。通过短视频内容的话题性引起粉丝的好奇心，引导粉丝对话题观点、视频内容进行评论。

（2）提高短视频作品的新颖性。在短视频中可多表达主播的新颖观点，从而引发粉丝的讨论。无论粉丝是赞同还是反对，都可以拉近主播与粉丝之间的距离。

（3）开展多元互动。通过发起投票、推荐解决方案等各种活动，引发粉丝主动留言。针对留言，我们还应进行后续运营，加深彼此的互动。

以上就是账号初始阶段原始流量积累的技巧,做好这几点,我们的账号就能够获得较高的流量,未来发展也将更加顺畅。

4.5 快手直播高效转化心法

直播是快手商业变现的最主要方式之一，笔者在前文中讲过打造高质量直播的 3 步流程。接下来，我们将详细介绍在这 3 步流程中，有哪些关键环节必须注意。

4.5.1 直播前预热策略

账号开通直播权限之后，直播将成为账号主要的带货变现方式。这时候，我们需要注意以下 3 个要点。

1. 开播前的预热推广

账号开通直播权限后不要立刻开播，而是应制定一整套完整的直播策略，尤其要做好预热推广的计划。例如，通过短视频、社群消息的方式提前向粉丝公示直播信息，将开播时间、内容、福利等信息说明，这样既可以确保开播时直播间的热度，也可以保证直播时长，提升直播带货的效果。

2. 选择最优的直播时间段

直播时间段的选择需要根据粉丝的时间确定。很多主播认为直播时间一定要选择平台流量最高的时间段，这样才能够保证直播间的流量。但在这个时间段，同时开播的直播间也非常多，作为一名新手主播，我们缺乏足够的曝光度和粉丝数量，很难在平台上抢占更多流量。

所以，最好的直播时间段应当根据粉丝时间确定。在开播前与粉丝进行互动，协调出一个既可以保证大部分粉丝都在，又能够确保直播时长的时间段，这样直播才能取得较好的效果。

3. 确保直播有规律，有节奏

开通直播之后，主播应有规律、有节奏地长期持续直播，这样就可培养粉丝养成定时与主播产生互动的习惯。

4.5.2 直播时如何巧妙展示、高效互动

直播是一个紧张、刺激的营销推广过程，它的基础是社交互动。在快手平台，只有借助互动完成交流，才能实现最终的带货。所以，直播过程中的展示、互动必须有明确的目标，甚至包括场景搭建。

部分主播在进行场景搭建时，往往习惯布置一个简单清新的直播场景，然后忽然拿出产品推广。事实上，这种行为会让很多粉丝反感，因为这种行为破坏了为粉丝营造出的氛围，变成了赤裸裸的产品推介。应从以下 4 个方面着手。

1. 融入商业属性

不要忌讳商业，遮遮掩掩的行为反而更容易引起反感。所以，我们要将商业属性展示给粉丝，将产品融入直播环境当中，并进行高频互动。在直播场景

布置方面，要设置合理的商品展示区域。这一区域的设置不要占比过高，但也不能太隐蔽。例如，在主播背景中可挂起服饰，主播通过换装来展示产品，同时与粉丝产生互动，这样就不会引起粉丝的反感。

2. 及时开展活动，带动直播间氛围

直播间中粉丝的消费多数都属于冲动消费，直播间的氛围决定了这种冲动消费的高低。优秀的带货主播，会根据直播间粉丝人数、粉丝状态适时开展各种优惠活动，甚至在开播之前就提前宣传直播过程中的优惠力度，以此刺激粉丝消费。

3. 提升团队运营能力，确保客服优质性

关于团队的重要性笔者已多次说明。对于直播而言，团队更为重要，从前期准备到直播过程中的场控、客服，都会影响直播的效果。尤其是带货直播，主播只是完成引流、引导粉丝消费的前期工作。如果客服能够及时、高效地回复粉丝问题，提升直播间粉丝的互动性，那么这场直播才能画上一个完美的句号。

4. 确保带货过程不影响直播互动性

带货虽然重要，但是不能影响直播的互动性，让直播变成乏味的产品推介会。主播需要与粉丝保持高效互动，认真观看直播间粉丝的评论，适时根据一些话题开展投票活动，引导粉丝评论，提升直播间氛围。

为了表现对粉丝评论的重视，主播可以将粉丝的问题认真读出来，这样既可以让粉丝感到受尊重，也会带动其他人的情绪。

4.5.3 直播后如何持续运营、提升复购

直播后的后续运营，同样是非常重要的工作。在这个阶段，我们的主要工

作有以下 3 个方面。

1. 买家秀展示

买家秀展示可提升直播带货的口碑。主播可以"售后服务"为由与粉丝产生互动，引导粉丝展示买家秀。好的买家秀可以让产品触达更多用户，引发产品的二次销售。

2. 定期更新购物车

定期更新购物车中的产品，可以让粉丝获得持续性的新鲜感。我们还可以在购物车中添加在直播时没有推介的产品。这样做的目的，是为了让粉丝感到主播的购物车不只是为了直播带货，还可以帮粉丝选择好的产品。

3. 确保直播带货的诚信基础

直播带货必须附带售后服务，这样粉丝消费之后遇到问题时才能够得到及时解决。如果主播解决不了，可以让粉丝对接商家解决，而不是对粉丝的问题不管不问。主播和粉丝之间是朋友关系，与商家、品牌方是合作关系，前者决定后者的利润空间，前者的口碑决定大家的共同发展潜力。所以，必须做好对粉丝的售后服务工作。

4.6 快手带货如何精准引流、快速起量

任何商业领域的垂直度、精准度都会影响到最终商业运营的效果，快手自然也不例外。提高快手带货的精准定位，可以为带货起量打好基础。

4.6.1 快手带货如何精准引流

在快手平台上，可通过付费流量购买的方式进行精准引流。

如图 4-19 所示，可以根据账号属性进行流量类型选择。

图4-19 快手付费流量购买方式

需要特别注意以下4个要素。

（1）粉丝的定向。

（2）人群的定向。

（3）同城曝光率。

（4）流量的数量。

这4个要素是精准引流的关键因素。例如，商家为实体餐饮店账号引流，就应注重同城曝光率，提升引流的精准度。

4.6.2 快手带货如何快速起量

商家与快手平台大V合作过程中,想要实现快速起量,就需要遵循一定的步骤。

1. 如何实现快速起量

(1)商家在官方平台发布任务。如果商家过去没有与快手大V进行过合作,那么可以通过官方平台发布招商任务,选择心仪的网红。这种方式非常人性化,商家不仅可以根据网红的粉丝量和标签进行选择,智能大数据还会根据产品特点为商家提供匹配的网红,并进行流量倾斜。

(2)合作协商。合作大V根据商家的要求制作短视频,与商家协商直播带货的主题与模式。短视频制作完成后交由商家审核。直播细节商定后合作大V给商家提供详细脚本,并依据此开始直播活动。

(3)开播。商家与网红确认短视频、直播的时间后,就可以正式启动合作了。

例如,在2020年的"616品质购物节"中,快手头部大V"瑜大公子"单场带货96款商品,总销售额达到了4636.3万元。

在成为快手美妆主播之前,"瑜大公子"是一位礼仪老师,不仅具有良好的商业礼仪技能,还懂得女士化妆方面的知识,这为"瑜大公子"在快手上的账号运营打下了良好的基础。而他的成功,正是围绕着快手的官方模式展开的,所以很容易获得快手的官方流量倾斜。

从"瑜大公子"身上,我们也可以分析出这类网红的特点。

① 无美颜直播。"瑜大公子"有一个异于其他网红的特点:直播坚持不开美颜,全程保持最真实的形象。这种方式对于美妆主播而言非常可贵,粉丝不仅可以感受到主播的性格,还可以明显看到产品使用的对比效果。

② 真实性突出。"瑜大公子"曾说过："我会总体评估产品的属性，首先把产品介绍清楚，然后会试用产品，无美颜直接展示产品真实使用效果。"这句话不仅体现了"瑜大公子"真实的性格，也表现出他对于产品的要求极高。所以，"瑜大公子"的直播会给粉丝们带来最想看到、最想了解的产品信息，信任度极高。

③ 主播和带货产品匹配度高。对于选品，"瑜大公子"也非常严苛，如图4-20所示，"瑜大公子"带货往往都会选择高档品牌。

图 4-20 "瑜大公子"带货高档化妆品

图中这款化妆品为专柜版，即便"瑜大公子"为粉丝们争取到了福利，价格依然为1096元，但粉丝们却趋之若鹜。这就是长期高品质带来的影响。"瑜大公子"的带货模式、直播间氛围、整体风格都属于高品质类型，产品与主播之间相当契合，所以商品即便单价高，带货效果依然十分突出。

"瑜大公子"有过这样一段关于客单价的评论："刚进入快手时，我们对用户能否认可国货大品牌的客单价有所担心。但后来，我发现快手用户能接受的客单价是很高的。我曾经给一款美容仪带货，客单价是7000元，快手粉丝对这样的客单价也能够认可。"

由此可见，只要选择好正确的方式，价格并不会影响带货效果。

2. 快手带货案例

下面，我们来看一些快手带货案例。

（1）传奇的广州服装厂老板——月均GMV破千万元的快手带货专家。

快手账号"黑妹儿"的老板名叫王旭东，是一位广州服装厂老板，拥有3个工厂。在接触快手之前，他每天忙于公司中的各种琐事。但进入快手后，他就立刻调整了工作重点，先是和60多名主播合作，随后自己也投入直播带货当中，创造了月均GMV破千万元的带货佳绩。

王旭东为什么会做出这样大胆的改变呢？这与他的思维、理念有直接关系。

2014年，从事服装行业12年之久的王旭东来到了广州，并被这里的服装产业吸引，不久之后他就将公司从北京搬到广州，开始服装批发业务。2018年，中国自媒体电商市场蓬勃发展，广州电商是桥头兵，很多企业加入该领域。拥有敏锐思维的王旭东同样如此，迅速注册快手账号，在快手上做起了服装批发的生意。当时，王旭东并没有亲自下场直播，而是为其他大V供货。快手发展迅猛时期，他同时为60多名快手主播供货。

随着快手直播带货火爆全网，主播们开始尝试更多的直播方式。到王旭东的工厂直播,成了一种新的方式。王旭东的品牌开始不断积累热度,这种直达工厂源头的带货方式被更多人认可,王旭东的"N东服饰"渐渐成了快手上的知名品牌。

回忆起那段时期,王旭东曾说:"说实话,之前有很长一段时间,只要在快手打上我们这个品牌的标题,必上热门,不管是谁都涨粉。"由此可见,当时"N东服饰"在快手创造的人气。

虽然帮助"N东服饰"带货的达人在不断增加,但新的问题也随之出现了:代理商的增多导致了品控和价格管理上的混乱,品牌形象一度受到了影响。同时,主播们的流量私域化意识越发强烈,这让"N东服饰"的热度出现了下滑。

直到2019年,快手小黄车正式上线,王旭东突然意识到:自己终于遇到了转型的契机。王旭东说:"当时快手整个服装带货的潜力很大,主播们的带货实力也很强劲,我很看好其中的发展前景。"

就这样,王旭东的爱人凭借"黑妹儿"账号,在快手上开始直播,为自己的品牌带货。而王旭东则辅助爱人,将开发、设计、生产等环节的特点展现给粉丝,粉丝看到了这些场景之后,对"N东服饰"的品质更加信任,王旭东建立了从工厂直达客户的超长产业链。这种模式取得了非常好的效果,并被其他品牌复制,一种全新的快手电商模式在快手平台兴起了。

这种超长产业链的之所以能够走俏,就在于它将品牌方打造成了集生产商、供应商、销售商三者为一体的营销整体,也帮助消费者更好地融入"好货源头"的场景之中。这种模式打破了的空间、时间的局限,将自媒体电商发展提升了一个层次。

自"黑妹儿"开播开始,不到半年的时间,账号便积攒了98万粉丝。虽然这一数量与很多头部大V相比并不算突出,但月均GMV过千万元的数据却少有人比。王旭东曾分析过：虽然账号粉丝基数不大，但直播效果突出，主要得益于快手的粉丝属性——私域流量和高度黏性。在王旭东的直播间当中，带货效率超高，复购率也非常惊人。王旭东曾说过这样一句话："粉丝数量并不是最重要的，粉丝质量才是关键。"

基于快手平台的"老铁文化"，王旭东的直播间俨然成了品牌的专属卖场。2020年，王旭东的服装加工工厂从2个升级到3个，进一步提升月产量，以此满足粉丝的需求。王旭东认为，带货的同时更要懂货，懂货的同时更要懂服务。不断提升产能，就是为了不因生产速度影响粉丝的购物体验。与此同时，王旭东还会经常为粉丝发放福利，这也大幅度提高了粉丝的留存度。

通过王旭东的快手发展成功案例，我们可以看到，快手直播带货，"货品为王"是核心。货才是直播的内容，正如流量的"内容为王"，带货直播自然是"货品为王"。

在做好这一点的基础上，快手主播还要拥有长远的眼光，注重品牌的打造与发展，而不是短期利益。回想在王旭东和60多名主播合作的阶段，如果不是大力发展品牌，那么"N东服饰"很有可能在市场中被淘汰。在明晰了"N东服饰"的品牌发展方向与"黑妹儿"的平台定位之后，王旭东为产品打造出了独特的风格，同时采用"弹性客单价"的方式，让品牌具备了长期发展的战略性。

事实上，快手平台近年来也非常注重对于品牌的培养，并提供了大量的流量与服务支持，王旭东的"N东服饰"就在被扶持范围当中。借助这一契机，"N东服饰"的品牌价值不断翻倍，这位传统服装批发商人也正式转型成为快手带货品牌运营商。

（2）"小然教你搭配"——粉丝基数不能决定GMV的效果。

除了王旭东，还有一位主播也完成了少量粉丝GMV破千万元的完美逆袭，这就是"小然教你搭配"。

在快手平台,并非只有头部大 V 才能打造 GMV 破千万元的超强带货效果,很多粉丝黏性高的中部乃至中低部网红,也可以实现令人羡慕的商业价值。在 2020 年"快手 616 品质购物节"期间,快手红人"小然教你搭配"就以 23 万粉丝量创造了 GMV 破千万元的带货纪录。与王旭东类似,最初这位快手达人只是一位普通的服装行业从业者,但自己的小店经营得并不景气,最后迫不得已才入驻快手平台。

2018 年,小然刚刚进驻快手。在初期阶段,她在快手平台的发展并不出色,只能依靠线下实体店引流到线上缓慢发展。

不过,小然并没有就此放弃。每次直播前,她都会通过朋友圈预热,推出各种福利活动,引导线下用户转移到线上。正是在这种坚持不懈的运营下,小然账号的粉丝黏性很高,因为第一批粉丝就是她线下实体店的用户。

相对其他账号运营者,小然选择了另外一个成长方向。她并不在乎账号的涨粉速度,而是把重心放在了现有粉丝的运营之上。在两年多的时间里,小然账号的粉丝还不到 25 万人,但她的直播间带货量、复购率却远远超出平均值。对此,小然解释道:"一个是高复购率,另一个是我们的主流客户基本上属于高消费人群,消费力及客单价相对更高一些。"

可以看出,小然的粉丝数量虽然有限,但在现有粉丝的运营方面小然却拥有超强的认知与理解。面对未知的市场,小然没有陷入单纯的"网红曝光"思路,而是更注重提升现有市场的质量。这并不会代表她只会宠粉、不会吸粉,在小然直播过程中,游客转粉丝和粉丝转铁粉的转化率都在不断提高。

通过"小然教你搭配"的成功案例,我们可以看到:销售量与受众人群之间并非单纯正比关系,粉丝的运营也是提高直播带货销量的关键。小然从最初线下引流到 2019 年小黄车带货，不断向粉丝展示着优质的搭配能力与独特的选品能力，同时在客单价、整体服务上不断优化，这才取得了现在的成绩。所以，快手平台的商业价值，并非只依赖基数堆积而成，更重要的是运营者的思维与方法。

（3）义乌小商品批发市场变身快手直播基地。

中国拥有众多实体商品批发市场，而浙江义乌小商品批发市场则是整个领域的霸主。在传统商业时代，它就在全国打响了名声。到了短视频直播时代，它依然是行业的翘楚。关于义乌市场的短视频作品数不胜数，而在这些短视频作品背后，是更加红火的义乌批发市场直播带货。

目前，在义乌小商品批发市场中，随处可见店铺老板亲自上阵，手机支架＋补光灯，老板亲自站在手机前直播带货。义乌小商品的价格天生就有优势，所以直播间内气氛非常火热，线上市场已经逐渐成了他们发展的主要阵地。

义乌小商品批发市场被称为"世界小商品之都"，这里有众多的商家和品牌。2020 年，义乌小商品批发市场有一段时间没有开业，但是多数商家并没有受到很大的影响，因为他们都活跃在快手平台的直播间内，线上销售异常火爆。

这是中国其他不少批发市场没有把握住的风口。由于互联网电商经济对线下门店产生了非常强烈的冲击，在中国绝大多数的批发市场中，商户经营步履维艰。如果没有积极转变的心态和认识，一味怨天尤人，那么最终结果只有关门了。那些被淘汰的门店，没有看到商业模式正在转变，线上短视频和直播带货的全新电商模式才是未来发展的方向。

那么，目前义乌小商品批发市场是如何拥抱快手的呢？义乌小商品批发市场出现了两种短视频直播带货方式：第一种是"一手货源，低价批发"，第二种是"和大 V 合作进行短视频直播带货"。前者追求带货，后者追求场景宣传，都取得了非常好的效果。

尤其在 2020 年"快手 616 品质购物节"之后，义乌小商品批发市场内诞生了大量的直播主播，从早晨店铺开门到晚上闭店，直播活动一刻不停，这种全新的电商浪潮，为这个传统、知名的批发市场开辟了另一片天地。

李文龙是义乌小商品批发市场内一名"90 后"商家，作为一名退伍消防军人，李文龙有一段惨痛的创业失败经历。最初来到义乌小商品批发市场寻求发展契机时，李文龙非常努力，在他最穷的日子里身上只有不足 100 元。最终，他创业失败了。但是，他在快手上却有了 7 万粉丝，这让他意识到自己没有输。李文龙开始一家一家地主动推广自己，希望通过为商家拍摄短视频作品东山再起。李文龙拍摄的第一条作品就被推荐到了"热门"当中，这条短视频让他赚到了 600 元。于是，他更加坚定了这个方向。最终，在一年时间内，他成了年销售额超过 300 万元的快手达人。

这是义乌小商品批发市场中非常常见的故事。李文龙曾说过自己的直播理念为"平台上卖的都不是商品，而是人格魅力"，他不仅为商家带货，更对自己的粉丝负责。一旦自己的货出现问题，他就会立刻为粉丝解决，宁可自己掏腰包也不会让粉丝损失一分钱。这样的态度投射出了正向的人设，所以李文龙的账号很快便积累了 10 万多的优质粉丝。

除了李文龙之外，成千上万的快手主播长期驻扎在义乌小商品批发市场内，为义乌小商品批发市场打造出了一个著名的"网红村"——北下朱村。北下朱村不少商家门前都会挂起"欢迎快手老铁指导工作"的条幅，既为了欢迎快手达人进店直播，也为了提升店铺的知名度与曝光度。凭借快手平台的庞大流量，以及商家与主播之间的默契配合，义乌小商品批发市场的经营方式和商业生态都在发生着巨大变化。

在义乌小商品批发市场内部，不仅有琳琅满目的小商品商铺，大型品牌也在不断拓展市场。例如，美特斯邦威、李宁、阿迪达斯、完美日记等大品牌义乌小商品批发市场也都设有专卖店，并遵循同样的发展模式，不断借助网红的影响力扩大在线直播的热度。

目前，在义乌小商品批发市场，已经形成了从平台到品牌再到主播的立体化快手传播模式，快手直播热度极高，粉丝购买力度也非常大。义乌小商品批发市场在快手的助推下，已经形成了新的商业模式与生态。

从义乌小商品批发市场的直播带货变革中，我们可以看到，快手已经与其完成了深度融合。它的转变是国内大型商品批发市场未来发展的一个缩影。短视频直播带来的电商新思维，不仅影响着个人、商家、企业，也在改变着大型商业综合体的架构与发展方向。

第 5 章

垂直直播平台运营、带货实操技巧

短视频直播时代的到来，让各个直播平台呈现井喷之势，除了快手、抖音，还有更多平台介入直播领域之中。对于这些直播平台，我们该如何运营，如何避坑，如何掌握最实际的带货技巧？

5.1 直播中可能会掉进去的八大坑

我们在学习各大平台运营技巧的同时，还需要了解直播过程中的八大坑。

5.1.1 直播平台选择是一个坑，如何选择平台

目前，主流直播平台主要有4个：抖音、快手、淘宝和腾讯看点。不同的企业，应根据实际业务类型、资金情况和人力投入等，选择适合自己的平台。

例如，"猫妈"有传统企业的从业经验，但其自媒体运营经验有限。虽然已经开启了电商业务，但没有任何直播经验，所以在选择直播赛道时，将腾讯看点直播作为重点。相对其他平台，腾讯看点直播的起步较晚，尚未诞生影响力巨大的头部账号，竞争对手处于同一起跑线上，且门槛不高，成长空间较大。传统企业如果渴望进军直播领域，不妨从腾讯看点直播入手，再根据情况进行其他直播平台的布局。

5.1.2 直播带货是一大坑，如何避开零成交

很多人之所以选择直播，是因为看到其他人似乎很轻松就获得了成功，认为自己也能成为网红。结果，当真正进入这一领域后，才发现一切并没有想象的那么简单，转而放弃去尝试其他领域。

这种半途而废的主播数量之庞大，几乎无法统计。事实上，我们在做直播之前就要明白：这一赛道离不开孜孜不倦的学习、不断优化的策划方案，以及团队的支持。最重要的是坚持的心态。直播带货看似容易，但事实上它的难度并不亚于线下开店，同样需要完善的策划和准备。例如，如何制定直播前、中、后的运营策略，如何处理好每一个细节，这将直接决定最终的结果。想要避开零成交的坑，就必须学习并研究直播带货的所有细节。

5.1.3 人人都可做主播是一大坑，如何避免人气低

笔者曾遇到过这样一个品牌方，他们聘请了一名娱乐网红，长相甜美、声音动人，但完全带不动货。最后，直播间人气越来越少，主播也很没有信心，请笔者给出一点建议。

对于这个问题，笔者通过自己的一个经历做出了回答：笔者曾看到过一个直播间，主播相貌平平，但是她非常热情，在整个直播过程中投入了百分之百的精力。粉丝被她的这种态度深深吸引了，因此直播间人气超高。她大方得体地介绍着产品，卖点清晰，就像邻家女孩在为朋友分享日常用品一样，非常具有亲和力。

所以，带货的核心不是颜值，而是热情。空有颜值没有热情，也许会获得

一时的热度，但这种热度很难维持一周以上。网友们渴望看到的不是"花瓶"，而是有热度、有情感的网红。

5.1.4 专家必定能带货是一大坑

很多人都有这样一种误解：专家一定能带货。但在多数由专家开设的直播间中，往往存在内容太过专业、与粉丝互动不佳等现象，直播间内容枯燥、氛围尴尬，粉丝与主播的距离较远，反而没有形成较好的带货效果。

5.1.5 有好产品做直播就一定会火是一大坑

多数情况下，主播直播间除了销售自营品牌产品外，还会选择与其他品牌合作进行产品销售。很多品牌方看到网红自己的产品销量较好、直播间人气较高，就找到主播希望进行深度合作，但最终效果却并不理想。

事实上，市场中最不缺少的就是产品。品牌方想要通过直播带货产生预期销量，就必须做好调研。只看到网红自己的产品销售量较大，不假思考就选择合作，如果主播与自己的产品完全不匹配，效果自然不佳。

5.1.6 直播培训是一大坑

目前，市场上有很多做直播培训的机构或个人，作为渴望投身直播带货的菜鸟，该如何辨别哪些课程更适合自己呢？

笔者提出的建议是，了解该机构或个人有没有做过直播，取得过怎样的成绩。

如果该机构并非专业直播带货公司，且根本没有做过直播，那么所推荐的方法往往都是泛泛而谈的，重理论轻实操，学习价值有限，这就是坑。

相信很多做短视频直播的朋友都有类似的经历。笔者经常听到朋友这样"吐槽"，花费了不菲的"培训费"，结果学来的知识全是纸上谈兵，在实际操作过程中一点帮助都没有。

当然，即便做过直播的机构或个人，也不是百分百就可以做好培训。因为有些直播机构或个人是在风口期被潮流推起来的，依靠的不是个人实力，他们并不能总结出正确的理论，教授的知识并不专业或实用。所以，选择直播培训时，一定要对培训机构或个人进行深入了解。

5.1.7 成交平台选择是一大坑

在微信生态内卖货，会涉及成交平台选择问题。除非自建小程序商城实现资金即时到账，否则货款大概率会在平台上停留 15～20 天。对于这样的平台，我们一定要慎重。如果选择的成交平台规模小，那么资金链一旦出现断裂，很有可能出现平台跑路的情况，商家将遭受巨大损失。这种损失会给自身及粉丝带来伤害。

所以，一定要选择大平台开展业务，不要被不知名的第三方平台所做的承诺蒙骗。尤其对于微信体系的直播带货，笔者建议选择"腾讯直播链接购物车"的官方渠道：京东和微店。如果我们的能力有限，尚不具备较强品牌影响力，那么应首选微店，该平台资金安全性高且投入费用较低，手机店长版 App 即可完成所有操作，有利于我们快速进入直播带货的行业之中。

5.1.8 究竟是"做直播间"还是"卖直播间"

"做直播间"与"卖直播间"虽然只有一字之差,但体现出的心态与策略却截然不同。"做直播间"是指重点关注直播间的发展,把直播作为首要工作,通过直播持续积累粉丝,从而持续带货,形成长期有效的经营。

而"卖直播间"则是某些平台的变现模式:整个平台依靠发展直播间新主播进行盈利,主播的主要精力集中在如何发展新主播。所以,这类直播间往往看起来人气旺,但这都是一种"假象",平台推出的所有活动,仅仅只是为了吸引更多人来这里做新主播,并不关注平台的发展是否健康,导致多数直播间假货横飞。这种模式很难打造真正的"电商直播间",往往在收入达到一个水平线后就关门大吉了。

5.2 直播前的准备工作

做直播的主播数不胜数，但真正成功的却少之又少。究其原因，就是做直播看似简单，但实则内藏玄机，没有充分的准备，是不可能达到预期效果的。

5.2.1 直播间策划技巧

一场成功的直播，开播前的准备工作占 50% 比重。因此，一定要做好直播前的策划准备工作。

1. 直播间定位

直播间的定位，即直播间向用户输出的核心价值。直播间名称最能够体现这一点，建议直播间名称采用这样的方式设定：昵称 + 自己擅长的内容（或者直播间输出的价值）。

例如，"猫妈"公司旗下有一位主播叫安妮，最初这位主播直播间的名称是"又见花开"。这个名字很优雅，充满诗意，符合当代年轻女性的心理特征，但是对于直播间的网友来讲,却很难理解其中的含义,直播效果一直平平。直到安妮在直播平台"享爱猫"的建议下,将名字改为"安妮美丽空间",直播效果才开始有好转。

我们也应按照这样的原则,给直播间起一个定位清晰的名称。除了"昵称+自己擅长的内容"的方式外,"某名称+动词+擅长的内容"也是很好的选择。比如蓉儿说护肤、猫妈说护肤、猫妈聊直播等,这些名称都能直接体现直播间的定位,可让粉丝快速了解直播间的具体情况。

2. 直播间的简介——一句话法则

一句话为用户介绍清楚直播间的核心价值,同时说明主播的垂直领域。例如,"猫妈"的直播开场白是:"大家好!这里是'猫妈说护肤'直播第××场。""大家好,我是猫儿!大家好,我是猫妈!我们是全网首对母女档主播!""晚上好!我们在这里为大家分享肌肤年轻的秘密!"这些都是非常好的开场白。

每个主播都要结合自己的优势,围绕定位为直播间定制一句话介绍,让粉丝在几秒钟之内,就能清楚地知道直播间的核心价值。

3. 直播策划

直播策划的优劣决定了直播的成败。完整的直播策划包括主题的拟定、目标的设定、活动的设计、亮点的提炼、产品的介绍、团队的组合和其他注意事项。在每次直播前,我们都要有明确的目的、目标,设定清晰的主题,选择适合的产品、指定促销的内容、设计互动玩法等。

一定要记得,带货是直播的目的,但直播并不只有这一个诉求。为粉丝提供一个独特的直播氛围也是重中之重。

例如,在2020年情人节当天,某网红在直播间开展了一项主题活动——"情人节一起来浪漫,直播间为你来表白"。粉丝可以在后台留言,主播代留言的粉丝向其心爱的人表白。在这些表白的人中，有一位粉丝让人印象非常深刻：粉丝与妻子分别带着一个孩子，因为各种原因两人分别在两地，最后在主播的特别邀请下，两人在直播间相互表白。

这场活动非常受欢迎，整个直播间被浓浓的爱意包围着。

融入情感的直播，让粉丝感觉到直播间有温度，而不是只有冰冷的购物，这是最容易拉新和留存用户的方式。2020年火爆全网的助农直播节目，让粉丝感觉主播是有爱心、有温度的人，并引导粉丝主动关注三农领域，这样更容易点燃直播间的氛围。

5.2.2 直播间选品策略

直播间选品时，有以下三种产品是必须要准备的。

（1）大部分人喜欢的爆款产品。

（2）方便做示范的产品，这类产品在直播间能够很直观地让粉丝们看到特性和效果。

（3）性价比高的产品。高性价比会让用户感到"占便宜"了，因此购买欲望强烈，且复购率非常高。

与此同时，我们还要根据用户需求及熟悉程度、毛利率等设计不同的产品。

适合带货的产品种类见图5-1。

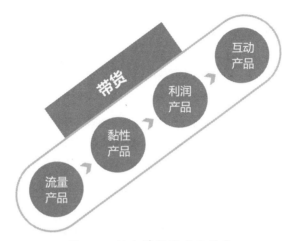

图 5-1 适合带货的产品种类

1. 流量产品

想要留住粉丝就一定要配备有吸引力的产品,即具有高流量潜力的产品。这种产品会让粉丝与主播产生高频链接,获取第一步信任。流量产品利润不高,甚至有时商家会亏损,但却达到了吸引人眼球的目的。

流量产品具备天然爆品属性,性价比高且紧贴潮流,粉丝收到产品时会感到惊喜,从而起到引流的目的。流量产品是点燃直播间气氛的重要产品。

2. 黏性产品

想要引导粉丝进行持续购买,就必须提供高黏性产品。黏性产品利润不宜过高,通常是针对粉丝刚需推荐的快消品,核心目的是让粉丝建立持续观看直播的习惯,进一步拉近与主播之间的关系。

3. 利润产品

这类产品利润较高,主要针对忠实粉丝进行销售。随着粉丝与主播之间的信任度不断提升,忠实粉丝群不断增加,利润产品的销量就会不断提升。

4. 互动产品

这类产品价格低、利润低，它的目的是引导粉丝帮忙转发、分享以及吸引流量，是主播回馈粉丝的一种手段，甚至很多时候需要主播自己补贴，但却有很好的传播效果。

5.2.3 直播间设备准备

如图5-2所示，要做好直播间的设备准备，这样才能保证直播效果不断提升。

图 5-2 直播间硬件三要素

1. 场地
直播间场地应相对安静，空间不要太大，但要干净整洁。

2. 设备
直播间应配备补光灯、手机或相机，同时还需要计算机（背景音乐）、手机支架等。

3. 后台
直播间中应准备好产品样品、白板、二维码和背景等。

5.2.4 直播脚本准备

准备完善的直播脚本，可保证直播流程按照脚本推进，这是直播能否达到预期目的的关键。不要轻信自己的口才，事实上，我们平时看到的那些演讲高手，在演讲前都做了大量的准备工作。《乔布斯的魔力演说》一书中就曾提到：乔布斯之所以能在苹果新品发布会上发表精彩演讲，都是因为他做了精心准备。

一场成功的直播，相当于把线下招商会搬到了线上，它们有着相同的本质。所以，一定要准备好直播脚本，否则很容易出现主播冷场的情况，让直播间陷入尴尬局面。

建议新手主播刚开始直播时，要逐字设计脚本，当能力提升之后可以简化脚本，加强现场发挥。因为逐字稿会让主播产生依赖，给直播间的粉丝造成"主播只会读稿"的感觉。

一份完整的直播脚本应包括以下内容。

1. 主题框架

主题框架应包含直播内容、互动、抽奖、秒杀和销售产品等环节设计。

2. 时间节点

应明确每个时间节点的内容。

开场 10 分钟：互动、抽奖、介绍今天的主题和活动内容。

每逢半点进行抽奖。

每逢整点抽锦鲤。

人气过 3000，粉丝抽奖或单品秒杀。

点赞 1 万主播发红包。

直播间中的流程与节点规划清晰，可以让粉丝感到整个直播过程节奏感强，高潮迭起且逻辑清晰，这样粉丝才有持续观看的动力和欲望。

3. 产品设计

设定好时间节点后，就要设置对应时段的产品、促销和秒杀活动等。直播间用哪款产品引流，用哪款产品增强粉丝的黏性，用哪款产品实现盈利，用哪款产品增加和粉丝的互动，做好这些设计，流量不请自来。

5.2.5 直播间预热策略

没有预热的直播间，人气往往会降低50%，这是直播带货领域的共识。所以，每场直播我们都需要设计预热策略，尤其对于首场直播。

直播间预热主要涉及以下3个方面。

（1）微信：朋友圈、微信群、一对一私信、微信公众号。

（2）QQ：QQ群、QQ空间、一对一私信。

（3）站外：微博、今日头条、小红书。

同时，我们需要准备好图文、视频、微信公众号文章等素材，不断在社群内进行传播，引导用户在预热阶段就进入直播间，与主播进行互动。

5.3 直播运营实操

在直播中出镜虽然只有主播一人或两人，但背后还有很多工作需要完善。主播在做好自身输出的同时，还要进行团队协作，这样才能达成直播目标。

5.3.1 主播技能修炼

主播不是卖货机器，唯有好玩、有趣、利他，才能让粉丝产生信任感，并进行购买。专业度、人设、生活方式都是粉丝喜爱主播的理由。例如，护肤直播间的入口是护肤品，但主播本人有丰富的生活经历与较高的生活品位，那么带货就不仅限于护肤品，可以延展到与健康生活方式相关的各种产品，包括服装、饰品、食品等。

想要成为这样的主播，我们需要做好3个方面的工作，如图5-3所示。

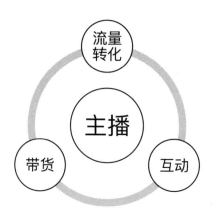

图 5-3 直播能力提升方向

1. 流量转化

直播是重要的流量入口,主播必须进行流量转化引导,将流量转化到微信个人号、社群或企业微信里。

很多主播以为把二维码挂在直播间的背景墙上,粉丝就会主动添加。但事实上,如果没有主动提示,多数粉丝都不会想到这件事。只有不断提示,将粉丝引入微信群,通过微信群中的各种活动将粉丝引流回直播间,这样才能不断提升直播间的活力,形成直播间导流、微信流量再次引流的闭环。

2. 带货

带货非常考验主播的专业能力,主播必须提前试用、了解产品卖点、编辑好直播脚本等,做好带货的每一个细节,才能保证最终效果。

3. 互动

互动的玩法有很多,包括转发、点赞、抽锦鲤、1元秒杀、拍卖等。结合主题及直播间时间设定互动模块,才能够有效提升直播效果。

下面,简单列举3个直播间人气裂变的方法。

（1）抽奖。比如满5000赞抽奖、人数满1000抽奖等。

（2）转发可获得优惠。比如转发至5个微信群，则有资格参加1元秒杀活动。

（3）整点抽锦鲤。抽到锦鲤可享受免单。

5.3.2 直播团队如何配合

一场成功的直播，背后是团队的默契配合。我们必须从以下几个角度来打造高效直播带货团队。

1. 直播、电商后台的操作

团队应非常熟悉直播与电商后台的操作，配合直播间进度随时上架产品，并在直播间放置购物链接。

2. 直播助理

现场配备直播助理，能够有效帮助主播准备产品样品与资料，并配合主播讲解产品卖点，协助主播解决各类突发事件。

3. 管理员

管理员负责维护直播间的秩序与氛围，发现有人在直播间做出违规行为，应立刻进行禁言，避免给直播活动带来负面影响。

4. 粉丝团运营

引导粉丝团互动，包括播放各种音效、视频等。

5.3.3 直播后的复盘与宣传

直播结束后，主播与运营团队还要进行复盘与再次宣传，保证直播取得最佳效果。

1. 持续造势

（1）素材推动。直播结束后感谢粉丝，并在朋友圈、微博发布产品发货等相关图片。

（2）在社交平台提供直播回看，提高直播后的转化率。

（3）把关键知识点分享到微信公众号文章中，提高用户黏性。

2. 售后服务

及时发货并跟踪物流信息。对于重点产品，还要做电话回访。

3. 粉丝团运营

在社交平台与粉丝频繁互动，收集粉丝反馈（比如粉丝对产品、价格、活动、直播的建议），并及时对直播活动进行调整。

4. 直播复盘

直播复盘时，我们要重点关注以下数据。

（1）直播数据。包括直播时间及时长、点赞数、观看人数、评论数、转发数和直播涨粉量。

（2）电商数据。包括订单管理、账单管理、点击数、付款数和总金额。

（3）直播活动本身。包括主题、活动、互动、团队配合、直播中的突发状况等，对这些内容进行经验总结。

5.3.4 新人主播如何快速成长

从 0 到 1，这是主播成长最艰难的阶段。图 5-4 是新人主播必须要掌握的技巧，灵活掌握才能实现快速成长。

图 5-4 新人主播成长技巧

1. 明确直播目的

新人主播一定要明确直播的目的,制定直播目标。如果想要成为娱乐主播,则可以去抖音或快手平台,不断进行娱乐化的直播;如果想做带货直播,那么不妨选择腾讯直播,在一个竞争压力较小的环境下起步。找好自己的目标与契合平台才能不断成长,一味地更换平台只能说明我们还没想好自己要做什么。

2. 善于思考、学习与创新

想要突破最初的低人气,就必须做好两件事:一是坚持,二是创新。我们要根据制订的计划按时直播,切忌"三天打鱼,两天晒网";同时,针对每一场直播都要复盘,力争每一次直播都比上一次有进步。这种积累一旦实现质变,就会让主播快速走出新人阶段。

3. 长线直播

(1)做好与粉丝的互动,可不断提升直播间人气,这是长线直播的关键。如图 5-5 所示,主播与粉丝互动的六大方法为:欢迎互动、点赞互动、关注互动、转发互动、问答互动和福利互动。做好这些方面的引导与准备工作,才能保证直播间热度不断提升。

图 5-5　主播与粉丝互动的 6 个方法

（2）想要做好直播带货转化，就要不断加强粉丝黏性、口播话术和品项选择。

① 粉丝黏性。应尊重粉丝，并定期发起粉丝福利活动，不断提高粉丝黏性。

② 口播话术。要精雕细琢直播时的每一句话，包括开场白、产品介绍和促单等。

③ 品项选择。要做好选品策划，给粉丝提供质量过硬、性价比高的产品，避免三无产品或与粉丝痛点无关的产品出现在直播间中。

5.3.5　从直播小白到带货达人晋升的 4 个阶段

想要从直播小白晋升为带货达人，主播需要经历以下 4 个阶段。

1. 主播的第一个阶段

主播的第一个阶段是基础阶段，该阶段主播需要做到以下几点。

（1）敢播，大胆播。主播不要有太多顾虑，只要做好准备，就可以走进直播间了。

（2）坚持播。主播应固定直播时间并按时上线，帮助粉丝和自己养成习惯。

（3）亲和力。主播在面对镜头时，一定要呈现出自然的状态。主播的情绪高昂，才能把快乐的情绪传递给直播间的粉丝，引导他们与自己积极互动。

（4）价值传递。直播时，主播一定要给粉丝传递有价值的内容和产品，使粉丝能获益，哪怕是一道最简单的菜如何做才能好吃。

（5）准备开场白。主播在开播前，一定要准备几句可以迅速与粉丝拉近距离的开场白，加深粉丝对主播的记忆。开场白要有温度、有态度，即便第一次进入直播间的网友，也会被主播的话语所感染。

如果我们能够塑造独特的直播价值体系，那么第一次进直播间的网友是陌生人，第二次进直播间就是朋友了，第三次进直播间就会成为忠实粉丝。主播不断输出核心价值，同时强调专业形象，与 IP 定位相符，就会给粉丝们留下良好的印象。

2. 主播的第二个阶段

新人主播晋升到第二个阶段，会开始正式带货。在这个阶段，如果不能有效呈现产品，不懂得促单的基本方法，那么即便直播间人气再高，也无法实现直播带货的目的。

主播需要注意：在直播间呈现的话术，与线下销售产品并不相同。在线下门店可以与客户面对面交流，捕捉客户的情感变化；但在直播间，看不到粉丝，如果粉丝感到不需要主播推荐的产品或对直播内容不感兴趣，会立刻离开直播间。所以，主播必须迅速抓住粉丝的眼球并不断延续，确保粉丝持续留在直播间中。

想要实现这一点，就要精心设计每场直播的产品口播脚本，准确提炼产品的卖点，以故事的形式来讲产品。不要把口播做成专家做报告，将产品里面的成分、技术及专业名词从头到尾讲一遍，这会让粉丝感到无趣，产生非常强烈的排斥心理。

下面，笔者与大家分享一下在直播间呈现产品的五步法，如图5-6所示。

图5-6 直播间呈现产品的五步法

（1）发现需求。主播展示的产品要能够满足用户的需求点，不在其他无效内容上做过多铺垫。

（2）放大需求。主播要将需求点描述得有画面感，能够讲到用户痛点处，持续围绕痛点做文章，让用户产生购买欲望。

（3）给出方案。主播可结合用户痛点和产品特质，给粉丝提供解决方案，尽可能放大产品效果。

（4）第三方见证。主播可列举自己或其他粉丝使用产品后的感受。

（5）报价。主播可先说出原价是多少，再用夸张的语气报出直播间价格，让粉丝产生强烈的购买欲望。

3. 主播的第三个阶段

在这一阶段，除了继续带货，还要不断裂变粉丝。只有不断提升粉丝数量，才能进一步加速账号成长，并扩大变现的基础数量。所以，主播要做好以下几个方面的工作。

（1）加大微信曝光力度。直播过程中可以尽可能展示微信号，将个人微信、企业微信融入直播间背景中，并且一定要清晰、明显。

（2）直播间引导。主播要持续提醒粉丝扫描微信二维码，同时，要给出粉丝加微信的理由，比如加微信后可以参与抽奖等，并说明加入粉丝团的好处和价值。

（3）社群运营。随着粉丝数量的不断增加，应开始进行社群运营。

首先，要做有效的社群互动。我们无法做到24小时在直播间与粉丝互动，所以大量的活动要沉淀到社群中进行。开展各类社群活动或游戏，运用社群增强粉丝与主播之间的黏性和信任感。

同时，还要在社群内做持续成交。通常来说，在直播间销售的商品的客单价不会超过300元，因为客单价越低，用户的决策时间就会越短；但如果价格较高，就需要慎重考虑。我们可以在社群内进行更深层次的销售，通过更加完善的介绍和引导，促成更高金额的成交及持续的复购。

社群是不可忽视的粉丝维护渠道，不仅可以一对多，还可以进行一对一的服务，且及时、高效、成本低。

4. 主播的第四个阶段

在这一阶段，主播的直播技能已经成熟了一些，个人能力上需要向更高层次提升，尤其是选品、设计活动、复盘、总结、针对性策划直播等方面的能力，需要大幅提升。

（1）选品。主播选品一般需要注意以下两个方面。

① 新、奇、特。直播有画面、有场景，主播要有在直播间进行深度测试的能力，让粉丝看到主播的专业能力。

② 性价比高。粉丝不需要一味低价，而是需要高性价比。所以，主播要进入供应链体系，优化供应链。正如李佳琦可以拿到大牌产品5折的价格，这是其可以吸引粉丝的关键点。

（2）设计主题活动。单纯的卖货无法给直播间带来更多的吸引力，一定要设计主题活动，给粉丝带来新鲜感。可以结合当下热点、节日开展各种活动。例如，在情人节、春节、元旦等节日期间，为粉丝设计主题活动，在这一过程中可进行高度贴合的带货，给直播间带来更加独特的氛围。

5.3.6 首次直播成功的10个要诀

首次直播前，一定要掌握以下要诀。

1. 明确首场直播的内容

（1）互动热场，提醒订阅，随后还有人气抽奖。

（2）介绍我们是谁，我们有怎样的故事和擅长点、身份等。

（3）讲述直播间为粉丝带来的价值。比如"提供让肌肤年轻的秘诀"。

（4）与粉丝互动，可刻意点名欢迎进入直播间的人。

（5）熟悉直播间的功能按钮，比如如何开启美颜、如何设置公告栏等。

2. 朋友圈传播

以文字配合图片的海报形式，将直播活动发布到朋友圈、微信群，并私信亲朋好友们订阅。

3. 设备准备

开播前准备好服饰、三脚架、补光灯等。

4. 手机准备

可准备两台手机，一台直播，一台方便看效果，并与粉丝互动。

5. 助理准备

可以找家人或朋友做助理，进入直播间后可点头像设置此人为管理员。

6. 管理员职责

（1）直播间互动。

（2）协助主播回答问题。

（3）维持秩序。

7. 首播不卖货

首播建议不要卖货，重点应放在介绍自己以及与粉丝互动方面。争取首播人气值超过 500，时长超过 1 小时。

8. 礼品准备

准备好礼品：人气满 500 可抽奖，点赞满 1000 可抽奖。抽奖的目的是活跃气氛，确保首播的质量。

9. 试播

建议提前试播，邀请几位同事或家人观看，确认有哪些环节还需要改善。

10. 提醒订阅

首播的目的是熟悉直播场景，让用户初步了解主播并进行订阅。所以，在直播过程中要随时提醒观众订阅直播间，并积极进行转发。

5.3.7　品牌直播模型的未来趋势

当下，有越来越多的品牌进驻直播平台，品牌直播与常规用户直播已经逐渐形成了两种模式。品牌直播正在朝着模型直播发展，而常规用户直播则更加随性，样式多变。那么，我们应该如何看待品牌直播模型式发展呢？又该如何预测其未来发展的趋势呢？

如图5-7所示，直播模型可以分为4个类型。

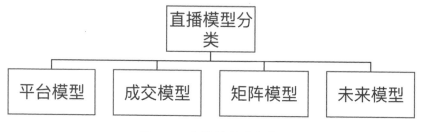

图5-7 直播模型的分类

1. 平台模型

在微信直播生态圈中，平台模型的方向首选"腾讯直播＋微店"，次选"微店直播＋微店"。我们主要推荐"微店直播＋微店"的模式，因为微店门槛较低，对于暂时不符合腾讯看点直播标准的个体商家、微商等，可通过这种方式进行带货直播。

一旦微店直播有了效果后，我们就要及时办理电子商务营业执照，开通腾讯看点直播，让直播带货更加规范。

2. 成交模型

（1）当下主流模型：直播＋社群＋微信。

（2）未来主流模型：直播＋社群＋微信＋线下沙龙。

3. 矩阵模型

（1）以人为核心的直播间：适合实体门店老板、店长，打造KOL、KOC。

（2）以品牌、门店或功能为核心的直播间：可采用轮播形式，每名主播直播2～4个小时，形成矩阵化直播。

4. 未来模型

对于未来品牌直播模型，可从以下3个方面分析。

（1）和多个主播合作。公司提供培训及供应链。

（2）分销。全面推广公司直播间的商品，一键发货。

（3）利用粉丝进行推广。粉丝邀约朋友看直播即可赚钱。

以上3个方面，都会围绕腾讯直播展开，这是我们对各种直播平台分析后得出的结论。腾讯直播刚刚开始，众多商家处于同一起跑线上，成功机会较大，且门槛低、投入少、风险小，所以是当下最好的选择。

每个时代，都有新的机会和最先抓住机遇的人。希望大家都可以在直播的风口处看到机会、抓住机会，成为那个幸运者！

第 6 章

视频号运营与带货技巧

2020年,短视频直播平台进一步发展,除了抖音、快手,其他平台也在飞速发展。新的自媒体模式诞生,视频号开始越来越受关注。那么,该如何做好视频号的运营与带货呢?

6.1 视频号运营原则与策略

随着短视频流量暴涨,用户基数不断提升,短视频的展现形式也在不断创新,视频号应运而生。

我们认真分析了小红书视频号、微博视频号、微信视频号的发展后,发现了视频号的特点:总体呈现为"内嵌重启"式发展,即在平台原有用户基础上,进行"短视频直播"的"重启"发展。

小红书、微博、微信都在不断完善平台的短视频直播能力,但事实上无论功能如何升级补充,与抖音、快手这样的短视频直播平台仍然存在着差距。因此,这些互联网公司开始采用"重启"的策略重塑市场。

1. 微博短视频的发展

微博视频号采用了"扶持+巩固"的发展模式。拥有"秒拍""小咖秀"打造经验的微博,原本已具有良好的短视频直播平台发展基础,但在抖音、快手快速崛起的背景下,微博不得不放弃了原有策略,转而依托微博现有的流量开拓市场。基于微博庞大的用户数据,微博视频号在短期内就取得了巨大的价值增长。

2020年7月10日，微博官方正式公布"微博视频号计划"，将会大力扶持优质短视频作者，在未来一年的时间内以5亿元现金分成、10亿精准广告投放资源、300亿顶级曝光资源，助力短视频创作者发展，提升微博视频号的活跃度与品牌影响力。

在"微博视频号计划"发布一周后，微博平台涌入了超过50万的视频创作者，其中不乏抖音、快手平台的大V。典型案例当属"李子柒"，这位抖音大V入驻微博视频号后，其每条作品的播放量都达到千万级别。

从微博视频号的扶持政策可以看到：视频号的运营核心依然是优质短视频作品。不同的平台，短视频呈现的特点不尽相同，微博主打"热点话题"，有话题性的短视频更受欢迎；而微信则主打社交性突出的短视频；小红书则主打"女性视角的短视频"。

相对抖音、快手两大平台，微博、微信、小红书对短视频的制作要求会更高，粉丝互动性更偏重可视化与趣味性。

2. 微信视频号的发展

微信视频号的发展有一个重要优势：原生基础的庞大基数。

2020年上半年，微信月活用户量超过12亿。在如此庞大的流量之上，微信视频号的发展自然非常顺利。为了获得更广阔的发展空间，微信视频号选择了内外结合的引流方式，不仅对微信原有用户进行微信视频号引流，还不断提升外部引流的力度。

在微信视频号内活跃的头部大V，同样有抖音达人、快手达人的身影。这类大V进入微信视频号后有一个独特优势：粉丝增长速度惊人，且流量私域化转变相对轻松。

3. 视频号的独特之处

通过微信视频号的发展策略，可以看到视频号运营的重要原则：视频号社交属性的强化。如果说抖音、快手等平台的粉丝运营采取了"朋友"式方式，那么在视频号则将其提升到"亲友团"的级别。

视频号与短视频平台相比，最大的创新就是视频模式的丰富。以微博视频号为例，微博视频号有短视频和小视频两种方式，短视频是主流视频作品的模式；而小视频则不同，它是主播与粉丝互动沟通的方式。短视频主打自媒体，小视频侧重社交，两者相结合，产生了更强大的社交商业模式。

以"李子柒"的微博为例，她的短视频是完整作品，小视频则更像素材或随手拍，是与粉丝互动的话题工具。通过小视频的发布，"李子柒"带动了粉丝的互动积极性，取得了良好的社交效果。

从微博视频号"短视频＋小视频"的组合模式可以看出：视频号运营，社交既是原则又是策略。

笔者觉得，抖音是广告平台，快手是带货平台，而现在的视频号就是两者的结合。小红书视频号开通之初，就出现过多个数天涨粉10万的网红。对于企业、商家而言，在这一平台进行品牌宣传，效果会进一步提升。小红书不是个例，微信、微博同样也有类似的效果。

视频号运营更追求商业运营闭环的塑造。视频号建立在庞大的私域流量基础之上，通过粉丝运营，创建黏度强、活性高的粉丝专属群体，再进行私域流量的裂变与站外流量的引流，并开展各类商业活动，实现变现。

未来，视频号可能会在短视频直播赛道上脱颖而出，一种形式更加多样、创意更加新颖的自媒体形式将会大行其道。对企业、商家和网红而言，这都是必须要关注的发展契机。

6.2 视频号如何带货

了解了视频号的特点后,我们需要进一步分析:运营视频号的方法是什么?如何将带货融入其中?

想要打造精品视频号,并在这一领域实现带货,就需要学习运营的主要内容与方法。

1. 运营内容

视频号内容运营的本质是"电商运营",但它需要建立在高强度社交属性体系中。任何平台视频号的运营,都不受运营者主导,而是受粉丝属性引导。即视频号的粉丝属于私域流量,视频号的商业活动应该偏重粉丝的生活,而不是重点考虑主播要卖什么。

例如,在小红书视频号中有一位主播发过一段扎马尾辫技巧的短视频,这段视频被粉丝评论最多的内容是"主播服装搭配非常出彩",于是,这位主播调整了内容方向,主打服装搭配并带货,取得了不错的效果。

相信有朋友会说:这种模式在快手、抖音平台同样适用。但事实上,抖音、快手中这种模式的优势，远低于视频号。抖音、快手的社交是"以主播为核心"，头部大V的粉丝，关注的是主播垂直领域的商品，对其他生活元素往往会选择忽视。就像李佳琦在直播过程中，很少有人会问他衣服在哪里买的，只在乎他带货的口红折扣有多少。

但在视频号中，这样的场景却更常见。视频号更注重"社交"的每一个环节，所以对应的商业领域更宽广，平台存在的机遇会更多。

2. 运营方法

视频号的运营更多元，具有花式社交带货的特点。

目前，视频号展现出的带货模式虽然效果突出，但商业氛围并不浓厚，很多优质视频能够实现带货，往往是在社交话题中形成的。主播的策略通常是"针对生活中发生的事，这款产品解决了这一问题"，从而起到引导效果。

视频号的带货不局限于固定的模式，围绕一个话题、一个痛点就可以延伸出多种带货方法。视频号的优势为：作为高级入口，微信视频号把"视频号"与"朋友圈"放在了同级入口当中，微博视频号更是把"视频号"放到了首屏一级入口位置，如图6-1所示。

图 6-1 微博视频号的位置

如图 6-2 所示,小红书针对视频号做了专属链接进行讲解。

图 6-2 小红书视频号介绍页面

这种变化意味着：视频号已成为被平台重视的新兴商业区域，可以得到更多流量以及政策的扶持。

同时，视频号也非常注意从其他渠道引流。例如，微信视频号打通了"朋友圈"，微博视频号打通了主屏精选推荐，小红书视频号更成了专属的商业领域入口。这些策略都是为了视频号引流而设置的，将视频号深度"嵌入"平台当中。

这种策略可以帮助视频号运营者简化原有的引流过程，并推出各平台专属教程，更好地为视频号运营者服务。无论是微博、微信还是小红书，在官方运营指导下，我们可以在最短时间内了解电商运营策略，实现带货变现的目的，减少了碰壁的次数，也降低了违规的概率。

随着不断的发展，视频号还会呈现出更多特点，从商业布局到直播矩阵都会出现令人惊喜的创新。所以，越来越多成功的快手、抖音头部大V已经准备进入视频号领域，视频号的未来不可限量。

3. 视频号变现思维分析

接下来，我们针对视频号带货变现思维，进行更加深入的分析。

我们要明白：视频号不是另一个抖音或快手。相比抖音和快手，视频号的电商运作更注重真实性，一些有噱头的直播带货模式并不适合直接复制到这一领域。想要实现视频号带货，需要分析这一领域更欢迎哪些群体或个人。

（1）有知名度的群体。知名度代表流量。各个视频号都拥有自己的流量基础平台，有知名度的网红进入，会给平台带来更多流量，自然会获得官方更多的扶持。

（2）在垂直领域有影响力的人。有些抖音、快手大V的粉丝量虽然属于中部级别，但其在垂直领域具有较强的影响力，能够制作专业类短视频，他们也非常受视频号的欢迎。虽然视频号强调社交属性，但专业度可以增强粉丝的信任度，有利于平台的成长。

如果我们属于以上群体或个人，那么运营视频号会更加轻松，发展速度也更快。

6.3 视频号引流带货的特性与技巧

视频号虽然发展势头极其迅猛，但由于诞生较晚，所以目前抖音和快手依然是最大的短视频平台。那么，视频号该如何抢占市场份额，获得更多流量呢？

1. 视频号引流带货的 5 个特性

（1）知识性。知识性视频是指视频作品拥有专业的知识见解，可以对粉丝产生帮助。这类视频在抖音、快手平台同样丰富，比如打假类、服务类视频，但流量倾斜并不明显。但这类视频在视频号中却有很好的发展潜力，应重点制作这一类型的作品。

（2）时效性。时效性就是与热点话题相关联。视频号自身有平台基础，尤其对于微博视频号，该平台的粉丝对热点话题非常敏感，只要能够把握视频作品的时效性，就可以获得高速发展。

（3）社交性。视频号的核心是社交，所以要从社交方面寻找突破口。

（4）话题性。话题性强的作品，即便没有很强的时效性，也可以获得较高的关注。尤其一些容易引起女性群体共鸣的话题，引流效果非常明显。

（5）传达性。传达性是指短视频作品传达的意境、观点非常突出与直接。短视频的传达性并不是指拍摄技巧，而是拍摄的环境背景、人物故事是否真实，是否能够引发共鸣。

2. 视频号引流带货的 5 个技巧

（1）巧妙运用视频号的生态环境。相对抖音和快手，视频号的生态环境更丰富。例如，在微信视频号的留言区当中，如果粉丝的用户名是蓝色，我们就可以点击进入对方的视频号，并在对方的作品留言区域评论。如果评论有特色，也可以为自己引流。

（2）通过真实表达，可打破空间间隔。与抖音注重生活美好的平台不同，视频号更注重生活的真实性，越真实的视频，效果越突出。所以，可以大胆放弃美颜、滤镜，也可以适当减少场景的设计，以真实的生活为基础，才能够打动粉丝的心。

（3）在生活的基础上寻找更多落脚点。视频号源于生活，重在社交，它的运营重点是从生活中寻找内容素材。例如，在微信视频号中有一条"婆婆育儿经验该怎么反驳"的短视频引发全网讨论，该视频号的粉丝连续疯涨。这类生活焦点话题很容易成为作品的燃点，具有非常大的受众群体。

（4）提前准备好"矩阵式"视频号运营策略。微信视频号打通了朋友圈，小红书开通了专属的视频号通道，通过官方平台，我们可以开启"矩阵式"运营体系，加大引流效果。例如，将视频号与朋友圈、微信公众号同步运营，实现同步引流，将公域流量转为私域流量。

（5）巧用视频创作技巧。

① 前期寻找定位，后期垂直输出。这一创作策略与抖音、快手相似，但视频号的作品需要具有更强的社交性、真实性，才能大幅度引流。

② 从成熟平台搜索创意，真人出镜，树立鲜活的人设，让粉丝清楚地了解自己是一个怎样的人。

③ 利用盘点类视频打造爆款商品。视频号的时长不受限制，所以可以制作更加专业的盘点类视频，可通过对比、排行等突出产品特质。一些类似"十大×××""××× 榜单""××× 盘点"字样的作品，会很容易引起广泛关注。

④ 通过数字突出作品效果。例如，"3 分钟学会的营养早餐""5 分钟学会的瘦身小技巧"等，数字能够凸显内容，更引人关注。

⑤ 引导式作品引爆话题。例如，"婆婆育儿经验该怎么反驳"这类短视频很容易在视频号内引爆，加速账号成长。

以上就是笔者根据多位视频号运营者的真实运营经验，总结得出的运营技巧。在视频号尚未正式爆发前，及时抢占先机，就有可能领先别人一步，成为这个领域的翘楚！